ユング心理学研究　第9巻

海の彼方より訪れしものたち

日本ユング心理学会　編

創元社

はじめに──ユング心理学の現代的意義

川嵜克哲

学習院大学

　日本におけるユング心理学は、河合隼雄先生が1965年にスイスから帰国されて以来、非常に深く広く浸透していった。このような例は、世界各国の中でも希有なことだと思われる。これほどユング心理学が広まっているのに、河合先生の帰国から50年近く、学会がなかったというのもまたレアなことだったように思われる。河合先生はよく「心理療法家というのは何もしないことに全力を尽くす」と語っておられた。学会を立ち上げないことに全力を尽くそうと思ったわけではなかろうが、長らく学会という組織が形成されなかったのは、やはりユング心理学らしいと個人的には思う。
　河合先生は日本文化や日本人のこころの構造として「中空構造」や「女性像としてあらわれる自我イメージ」などの考えを提唱してこられたが、これらは日本文化に関してというだけではなく、ユング心理学そのものの今後の可能性の中心になるものではないかと思う。がっちりと硬い核を中心に、リジッドな構造を構築していくという形は、ユング心理学にあまりなじまない。そもそも心理療法とは変容するということが重要で、硬い構造とは本来矛盾しているものである。しかし、昨今、きわめて硬直した構造同士が互いに譲らず、ぶつかり合う気配がいろいろなレベルで見られることが多くなってきているように思われる。また、そのような問題に関しても目標を立てて、手段を組み立て、操作的にアプローチしていく、いわば硬い構造をもった治療法が拡大していっているように感じる。
　このような状況の中で、ある種曖昧であり、しかしそれゆえに、その辺りに転がっているような価値なき石ころに宝を見出したり、女性的な弱さ

の中に強さを見出すようなユング心理学は、逆説的にきわめて重要なものになってくると思われる。日本ユング心理学会が立ち上げられたのはこのような状況にも関連していよう。

日本ユング心理学会大会も、学会が発足して以来第5回という、小さな、しかし着実な歩みを重ねての節目となる大会が学習院大学において2016年6月に開催された。今大会から初めてワークショップが開かれ、本大会ともども多くの会員が参加して盛況な大会となった。この場をお借りしてあらためて感謝、御礼を申し上げたい。

初日のプレコングレスでは、赤坂憲雄先生（学習院大学）をお招きし、「海の彼方より訪れしものたち」という題名の講演をしていただいた。シンポジストとしては川戸圓先生（川戸分析プラクシス）、河合俊雄先生（京都大学こころの未来研究センター）にお越しいただき、三人の先生の間で、ユーモラスに、しかし非常に中身の濃い、有意義で活発な討論が繰り広げられていった。

二日目には研究発表とともに大会企画ケース・シンポジウムが開かれた。「偏頭痛・耳鳴りを訴える女性の事例——シャーマン的資質と遠近法」というタイトルで、僭越ながら川嵜が事例を提示し、岩宮恵子先生（島根大学）と田中康裕先生（京都大学）による指定討論がおこなわれた。事例は、少しシャーマン的で古代的な意識をもっていると考えられる女性が、現代という社会をどのように生きていくかということが中心的な課題となっているものであった。私見ではあるが、ユング心理学はある意味、近代（モダン）から現代（ポストモダン）へと流れる時間に対して、人類史の古層からの視点にとどまり続けようとする姿勢をもっているように思われる。それゆえか、近現代的な視点からは否定的な見方をされることも——そもそもの最初期から——あり、また近年ではますますその傾向が強まっているという印象も感じられる。しかし、逆説的ではあるが、だからこそ、近代以降である現代においてユング心理学がとてつもなく大きな意味をもつ可能性があると思っている。今回、提示された事例はこれらのこととパラレルな側面をもっており、岩宮先生、田中先生の刺激的なコメントを伺って、事例に関しての理解が進むと同時に、ますますユング心理学の現代

における意義が増していくであろうこと、増していかねばならないことを強く実感した次第である。このことは、事例を提示した発表者としてはもちろん、日本ユング心理学会の発起人の一人としてもとても有意義なものであった。

　『ユング心理学研究』も今回で第 9 巻となった。今後のますますのユング心理学の発展、展開を切望するものである。

目　次

はじめに──ユング心理学の現代的意義　　　　　　　　　　川嵜克哲　003

シンポジウム

基調講演「海の彼方より訪れしものたち」　　　　　　　　赤坂憲雄　013

　被災地を歩きながら考えてきたこと
　　東日本大震災の被災地の風景／泥の海／潟化する世界／二つの墓／
　　生と死を織りなす風景
　海の彼方からやって来るもの
　　無意識を象徴する海／海から寄り来るもの／二つの海
　日本人と海のイメージ
　　日本人と航海技術／日本人と太平洋／海と山の間／ユングと沖縄の
　　津波伝承／私たちが問われていること

討論──基調講演を受けて　　　指定討論者　川戸　圓・河合俊雄　031

　大いなる母なる水
　　海と山に違いはあるのか／川を通じた循環／穢れを流す川の神様／
　　命を生み出し、奪うもの
　日本人の心と境界
　　境界線とは何か／境界がない日本人
　今後の日本人の心のあり方
　　山と海の捉え方の違い／ゴジラが表しているもの／これから向き合
　　っていかなければならないこと／海の向こうに想像力を／太陽の象
　　徴／排除された男性の太陽神

講演録

分析という場――対人的および元型的側面　　ジョセフ・ケンブレイ　051

私のユング心理学――心理療法と普遍性にたどりつくこと　　川戸　圓　061

論　文

研究論文

宮沢賢治の『文語詩稿五十篇』――定型をめぐって
　　　　　　　　　　　　　　　　　　　奥田智香子　083

「梁塵秘抄」から受け継ぐ今様歌謡の力――やわらかな自我の態度
　　　　　　　　　　　　　　　　　　　鈴木志乃　103

日本神話における二つのシャーマニズムと霊魂観
　　――米という象徴からみた精神療法　深津尚史　123

印象記

国際分析心理学会（IAAP）第20回大会印象記　足立正道　145
国際分析心理学会（IAAP）第20回大会印象記　西牧万佐子　149
日本ユング心理学会第5回大会印象記　　　　西垣紀子　153

文献案内

精神医学に関するユング心理学の基礎文献　　前田　正　159
海外文献　　　　　　　　　　　　　　　　小木曽由佳　169
ある女性治療者の仕事――映画評「ニーゼと光のアトリエ」
　　　　　　　　　　　　　　　　　　　豊田園子　177

日本ユング心理学会　機関誌投稿規定（2015年9月30日改訂）

ユング心理学研究　第9巻
海の彼方より
訪れしものたち

装丁　濱崎実幸

シンポジウム

本稿は、2016年6月11日に学習院大学で行われた日本ユング心理学会（JAJP）第5回大会プレコングレスのシンポジウムをまとめたものである。

基調講演「海の彼方より訪れしものたち」

赤坂憲雄
学習院大学

被災地を歩きながら考えてきたこと

東日本大震災の被災地の風景
　本日は、「海の彼方より訪れしものたち」というタイトルでお話しさせていただきます。2014年に刊行した『ゴジラとナウシカ』という僕の本の副題と同じなので、そちらを思い浮かべてくださった方もいらっしゃるかもしれません。僕も最初はその話をしようと思っていたのですが、準備をしながら海について思索を巡らせているうちに、本とは違った話になりました。まずは、僕が被災地で撮った写真をスライドで見ていただきます。
　写真1は、東日本大震災の年の2011年4月7日にいわき市の薄磯海岸の集落に初めて入ったときの写真です。一面津波に洗い流され、焼け焦げていましたが、山際に鳥居が立っていて、それがとても神々しくて、それ以来、被災地を歩きながら鳥居や神社を数多く見て歩きました。
　写真2は南相馬市の海辺から1、2キロ入ったところだと思いますが、水がなかなか引かず、このように「泥の海」になっていました。この泥の海については、後ほどお話しいたします。写真3は、自衛隊が東松島市の野蒜地区を視察したときの写真です。ここは新興住宅街でしたが、それ以前は塩田が作られていたところで、津波で壊滅しています。写真4は、宮城県の鳴瀬川の河口です。このあたりも、十数メートルの津波でやはり壊

滅しています。写真5は、北上川の河口から数キロ離れているところで、70数名の小学生が津波に飲まれて亡くなった大川小学校の跡です。この校庭で、先生たちがどうやって逃げようか考えているうちに津波が来て、たくさんの人が犠牲になったのです。橋が崩れていますね。この地区には僕の友人も住んでいたのですが、家を流されました。このように、どこが川で、どこが田んぼなのかがわからない風景が至るところに広がっていました。

　写真6は、南三陸町の防災対策庁舎です。庁舎の前には避難の際の基準となるチリ地震の2.4mの津波水位標識がありましたが、震災の時は、庁舎の一番上のテレビアンテナによじ登った10数名の人たちだけが助かり、後はみんな流されてしまいました。写真7は、後のお話にも出てきますけれども、南三陸町の水戸辺という海辺の集落です。ここに暮らしている方の話をたくさん伺いました。裏の道路のところまで壊れています。写真8は、南相馬市で見た、誰もいない家の裏手にあった高灯籠です。高灯籠とは、新しい仏さん（霊）が道に迷わずに帰って来られるように、と建てられるものです。写真9を見ただけでは何もわかりませんが、萱浜（かいはま）という集落を抜けて海辺に出たときに、そこにやって来た人たちが、みんな花束を抱えていて、一人ひとり海辺に降りて花を投げて供養するということをされていました。写真10は海に向かって、肉親の犠牲者へ向かって、記念撮影をしているところです。

　写真11は、仙台の港近くの壊滅した地区ですけれども、流されたお地蔵さんをもう一度探してきて祀り、夏にはもうお祭りが始まっていました。おばあちゃんとお母さんと小さな女の子の3人がお参りをしていました。写真12はその時に撮らせてもらった女の子の写真です。僕は被災者に関わる写真を1万枚ぐらい撮りましたが、人間に向かってカメラをまっすぐに向けたのは、この一度だけです。

　写真13は、その年の10月、福島県の新地町のあたりを走っていたときのものです。海に向かってこの道をずっと行くと、横を走る川の水が道の高さと同じになっていきます。この向こうは海のはずですが、道がこんなふうに切れてしまっていました。写真14は、その先に行った写真ですが、通

っていいのかどうか、そもそも道なのか、草むらなのか、田んぼなのか、川なのか、まったくわからない情景でした。

　写真15は鉄道の線路ですが、こんなふうになっています。写真16は、陸前高田市の体育館です。ここは津波で町全体が壊滅しました。写真17は、ビルがこのように引っくり返ることなどあり得ない、と言われて有名になった女川のビルです。写真18は、浪江町の津島というところです。写真19は、浪江町の請戸港という、やはり壊滅した、原発から5キロぐらいの漁港です。

　スライドは以上です。この5年間、このような風景を見て歩きながら、自分が考えていたことが少しずつつながりながら、僕の中で大きなイメージになってきたような気がします。

泥の海

　2011年4月21日の夕方、僕は原発から15キロほど離れた南相馬市の小高（おだか）という町にいました。交差点の先の道が寸断されていて、その先に行くのはあきらめましたが、このように多くの道路が津波でえぐり取られ、走る道沿いの家は1階部分がぶち抜かれて破壊されていました。そして気がつくと、目の前には見渡す限りの泥の海が広がっていました。震災が起こったその時のままの風景が、凍りついたように転がっていたのです。世界の終わりに立ち会っている気がしました。自分たち以外に人影はなく、音もまったくしませんでした。でも、ふっと気がつくと、耳の中にかすかな潮騒が聞こえたのです。目を凝らすと、暮れなずむ青い波の奥に白い波しぶきが見えました。その時は波しぶきまで1キロぐらい離れているように見えたのですが、翌年行ってみると、実は数百メートルしか離れていませんでした。その時、僕はある衝撃を受けました。河口に渡された橋など、人工的なものはすべて破壊されて、土台しか残っていなかった。そして、水位が上がる頃に水辺に立つと、すごく近くて、すごく怖い。その時、人間を拒絶しているような、残酷なまでに美しい風景がそこに広がっていることに衝撃を受け、人間がつくった海辺の風景とは何なのかと思いました。

　先ほどから出てきています「泥の海」という言葉ですが、実はその下は、

明治30年代になって開拓が行われ、それ以前は潟とか浦であったところを埋め立てて水田にしたところです。僕は、最初に見たときから、誰に教えられたわけでもなく「泥の海」という言葉を使っていたのですが、後になって、近代の新興宗教の創造神話に、この「泥の海」がくり返し登場してくることに気がつきました。

例えば、大本の教典『大本神諭（おおもとしんゆ）』天の巻には、「やがてこの世の建て替えの時が訪れる。その時、この世はいったん泥の海になる」というイメージが語られています。天理教の中山みきの『おふでさき』には、「創造神であるおや神は泥の海の中で人間の創造を始め、次第に今のような人間の姿になった」、あるいは「この世の始まりは泥の海で、その中にドジョウばかりでなく魚やヘビが生まれてきて、この魚とヘビをひな形として人間の祖先がこの世に誕生した」という話が出てきます。

それから僕は世界の神話をひもときはじめ、海の底の泥を取ってきて、その泥を素材にして世界と人間が創られたという神話が他にもたくさんあることに気がつきました。

その例を一つだけご紹介します。シベリアの少数民族の神話です。「原始、世界は混沌としており、闇の中に創造神がぼんやり浮かんでいた。神は天と地を分離しようと決めた。最初に野ガモを創った。野ガモは水中に潜り、クチバシに泥を挟んで戻ってきた。創造神は、この泥で母なる大地を創り、さらに植物と動物を創った」。いかがでしょうか。このように海底の泥を動物や虫たちが取りに行き、爪やクチバシの隙間にやっとのことでわずかな泥をつかんできて、神はその泥を素材にして、人間や動物、植物や世界を創ったという神話は他にもたくさんあります。

実は、近年の生命史研究でも、この深い海底の泥の中に生命の起源があるのではないか、という仮説が有力なものとして語られるようになっています。つまり、昔の人々は、神話として深海の泥に生命の起源があることを知っていて、近代の最先端の科学はやっとのことでその考えにたどり着いたのかもしれないわけです。ですから、あの2011年4月21日、僕はもしかしたら泥の海に神話が生まれてくる現場に立ち会っていたのかもしれません。

潟化する世界

　かつて南相馬市のあたりにはミズアオイという紫色のとても可憐な花を咲かせる草が生えていましたが、数十年間、誰もその姿を見たことがなく、この地域では絶滅したのではないかと言われていました。けれども、震災後にこの泥の海の周辺に一斉に再生を遂げて群をつくりはじめたのです。

　つまり、かつては潟の周辺に群れをなしていたミズアオイは、潟から田んぼになったことで生存環境を奪われ、種となって土の中に眠っていて、それが、震災で撹拌され、もう一度昔の環境に戻ったことで、一気に芽吹いて再生を遂げたのでしょう。このように、この世界は人間だけがつくっているのではなく、他の生物も、生きる条件や環境を手探りしながら、眠りについていたり、眠りから覚めたりしているのかもしれません。

　まさに泥の海とは、世界が終わりを迎えた風景であると同時に、これから世界が再生される場所なのかもしれません。泥の海の下は水田でしたが、土地の人たちは、「浦に還った」「江戸時代に戻った」という言葉を当たり前のように口にしており、そこがかつては海であったことが記憶として共有されています。そして、僕が探したのが、柳田國男の「潟に関する聯想」という短いエッセイでした。改めてこれを読んだとき、柳田國男が何を見ていたのか、その思索の深さに驚かされました。

　柳田によると、日本海側は「潟」の世界です。秋田の八郎潟のほか、新潟にもたくさんの潟がありましたし、北陸にも潟が点在しています。太平洋側にはリアス式海岸がありますが、それと比べると、日本海側では潟が中心になって海辺の風景を形づくってきたようです。

　このような潟を埋め立て、海と切り離すことで、湿田を乾田に変えるのが近代でした。先ほど見ていただいた南相馬市のあたりでも、明治初めの地図を見るといくつもの潟が点在していますが、この100年ほどの歴史の中ですべて消えてしまったのです。その潟がすべて消えてしまった風景の中で我々は生きてきたわけです。そんな我々に対して、あの泥の海の風景は、震災によってここ100年の開発がすべてリセットされたことを突きつけながらも、かつての潟の風景をほんの短い間、我々の前に示してくれたと言えるのではないでしょうか。

いつからか、僕は「潟化する世界」という言葉を使い、この風景をもう一度潟に戻してやることはできないのだろうか、ということを考えはじめました。そのほとりをずっと歩いていると、水の中に電信柱が倒れ、その電信柱の向こうには壊れた家が傾いて水に浸かっている。それは、道、川、水田、水路、海のすべての境が曖昧になって、泥の海が薄く広がっている世界です。

　我々は、どこかで「海岸線」というラインが存在していて、陸地と海を分割していると思っていますが、海岸線などという境界は存在しないと思った方がいいのかもしれません。境界ということで言うと、今は脳死が認められていますが、昔の人たちは、身体が腐敗するまで死を認めなかった。つまり、生と死を分かつ境界が今と昔では異なるわけです。あるいは、文化と野生の間の境界も曖昧です。つまり、境界としての海岸線は、絶え間なく移ろい揺れているゾーンなのかもしれません。ですから、震災前の海岸線に巨大な防潮堤を建てるプロジェクトが現在「復興」と称して進んでいますけれども、その現場に立った人たちは、ほんの偶然に過ぎない海岸線をコンクリートで固めることにおそらくニヒリズムを感じているはずです。調べてみるとよくわかりますが、海岸線は、十数キロの幅で時代によって動いているのです。そのような揺れ動く境界線を、コンクリートで固めようという想像力の貧困に、我々は決別をしなくてはならないと思います。

二つの墓

　海辺を歩いていると、流された首のないお地蔵さんや墓石、卒塔婆などを一生懸命に寄せ集め、海辺の墓地を再建しているのを見ることがあります。

　僕が泥の海を初めて見た小高は、作家の島尾敏雄のふるさとでもあり、震災が起こる3年ぐらい前に、取材で島尾の親戚やお墓を訪ねたりして歩き回っていたところでした。このあたりにはお墓を二つ持つ「両墓制」が残っていました。海岸近くの遺体を埋葬するお墓は、埋葬したら二度と行かないので「捨て墓」と呼ばれ、その代わりに、寺の近くに「詣り墓」と

いうもう一つの墓碑を立て、ここにお詣りに行くのです。しかし、この小高の両墓制は、今回の津波で跡形もなく洗い流されてしまいました。

両墓制の村としてよく知られているのが、対馬の青海（おうみ）という村で、僕が日本中を歩いて見てきた中でも最も美しい村の一つです。ここでも海辺

の砂浜に捨て墓があり、かつては高潮などの高い波が来れば、その海辺の墓地は飲まれてしまい、そこに埋葬されている骨になった死者たちは、みんな海に持って行かれていました。つまり、両墓制というのは、海に死者たちが還っていくことを前提につくられたものなのです。

けれども、僕が訪ねたときには、残念ながら両墓制の形はすでに崩れていて、海との間にコンクリートの防潮堤がつくられ、その内側は、もう捨て墓ではなく、大きな墓石を載せた、新しい恒久的な墓地になっていました。けれどもそこに立ってみると、このコンクリートの壁がなければ、波はときどき渚を越えて、お墓を飲み込み、そこに埋もれていた死者たちの骨を持って行っただろうということがよくわかります。つまり、ここの人たちは、海の彼方に死者たちの還る他界があることを信じていたのだと思いました。

その村の傍らには、海の向こうから寄り来る神様である寄神（よりがみ）をお迎えするという寄神神社がありました。その神社から海岸に出て村に戻ろうとしたとき、海岸には丸い石がたくさん転がっていましたが、その丸い石というのは、我々の民俗学的な発想からすると、神様です。あの村の風景は、今でも忘れられず、焼きついています。

生と死を織りなす風景

与論島に渡ったときには、島の研究者が海辺の崖にある洞穴に案内して

くれましたが、その洞穴の中には直径約1.5メートルのサークル状のお墓がありました。奄美・沖縄のあたりでは、死者たちを野ざらしにして、ある時期が来ると骨を洗い清めて、それを改めてお墓に埋葬する「洗骨」ということをするのです。僕らが見せてもらったのは、その洗骨後の頭蓋骨や大腿骨などの人体の骨を並べてサークル状にしたものでした。それを見て、福島県の新地町の三貫地貝塚という有名な貝塚で出土したサークル状のお墓を思い出しました。僕は福島県立博物館の館長をしていますが、展示物の一つがそのお墓で、そこも直径が約１メートルで、やはり頭蓋骨や大腿骨などをサークル状に並べたお墓なのです。

　この貝塚というのは、かつてはゴミ捨て場であると言われていましたが、今では少し異なった意味合いがあるのではないかと言われるようになりました。アイヌの人たちはこの世界で使った道具や熊などをあの世に送り返す「送りの儀礼」と呼ぶ儀礼を行っていましたが、縄文人もそのような儀礼を行っており、その跡が貝塚だったのではないかと言われるようになっています。

　このように、被災地を歩きながら、僕はそれまでにいろいろな土地で見た、このような生と死を織りなす風景を重ね合わせていくことをくり返していたような気がします。

　先ほどお見せした写真にも出ていましたが、南三陸町の水戸辺という小さな集落の人々は、鹿踊りという民俗芸能を復活させました。震災から２か月も経たない５月の連休の頃から、瓦礫の中に潜り込むようにして太鼓や衣装を探し出し、それを洗い清めて、その芸能を復活させたのです。その村の少し高台にある津波が届かなかったところには鹿踊り供養塔というものが立っています。石に刻まれた字は読み取ることができないぐらい剥落していますが、現代語訳をすると「生きとし生けるものすべての命のために、この踊りを奉納する」という意味の言葉が刻まれています。つまり、鹿踊りとは、生きていくために鹿をはじめとした生き物の命を奪って生きていかなければならない人間が、生きとし生けるものすべての命を供養するために踊りを捧げるという意味合いをもつのだと思います。

　先ほどのスライドでも、南相馬市の海辺でのある家族の鎮魂風景をご覧

いただきましたが、被災地では２万人近い犠牲者が出て、3000人近い人たちの遺体があがりませんでした。ですから、どのようにしてその人たちの鎮魂をすればいいのかが問題になりました。つい最近も、岩手県の黒森神楽の人たちが海に向かって死者供養の神楽を奉納している映像を観ました。このように、いろいろなところで芸能や神楽といった形で死者に供養や鎮魂をしていたのです。それは、この日本列島で１万年という時間の中でくり返し重ねられてきた死者を送る光景だったのかもしれません。

海の彼方からやって来るもの

無意識を象徴する海

　『古事記』の出雲神話の中に、スクナビコナという小さな神様の神話があります。オオクニヌシが出雲の美保の岬にいたときに流れてきて、ガガイモという芋の一種の皮でできた船に乗って、たぶん蛾の服を着てやって来たと語られています。

　僕は以前からこの話が大好きでしたが、日本海を舞台にしたからこそ生まれた神話だったのではないかと考えるようになってから、にわかに気になりはじめました。このように何かを届けたり、いたずらをする小さな神としては、他には小子部栖軽（ちいさこべのすがる）という雷（いかずち）を取ってきて天皇に差し出した神がいますし、一寸法師や桃太郎、かぐや姫も、みんな小さな体を持った神様と言えますね。その系譜の最初がこのスクナビコナです。

　国文学者の西郷信綱は、空と海の境が溶け合うあたりから神がこの世に寄り来るという信仰があり、その神は常世の国からやって来て、常世とはおそらく海の果てにある、と述べています。

　スクナビコナの神話の舞台となったのは、出雲の小さな岬でしたが、岬とは、海上交通の起点にもなる、まさに神々が寄り来る場所です。西郷信綱は、『古事記注釈　第３巻』で、このスクナビコナの神話に触れて、た

った2行ですが、このように述べています。「ユンク学説などによると、小人は意識の軌道の外側にある諸力、または無意識の守護者であるという」。この言葉を見て、僕も手元にあったユングの著作書を引っくり返して、海についての記述を探しました。あまり多くないのではないかという印象でしたが、例えば『心理学と錬金術1』には、睡眠薬による幻覚妄想として、「海はすべてのものを呑み込みながらどっと陸に侵入する。そのあと夢見者は孤島に坐っている」とありました。これは津波のイメージですよね。その後すぐユングは「海は光り輝く表面の下に予想もできない深さを隠しているから、集合的無意識の象徴である」といった言葉を書きつけていますが、このようにユングが無意識を海に、そして意識を島にたとえたということを他の本でも見かけたことがあります。あるいは、『夢分析1』の中では、ユングはある海辺の夢についての講義を行っている際、この夢を見た男性が、海を連想していたことを受け、「進化は大洋で始まり、生命の最初の萌芽はそこに出現しました。海を自然の子宮と呼ぶこともできるでしょう」と述べています。これは非常に重要です。これは、古典的な海のイメージだと思いますが、このように、海が無意識の世界、島が意識の世界を象徴していると考えると、岬、渚、浜辺は無意識と意識とが交わる両義的な領域だと言えます。

　このような問題意識をもちながら、例えば、日本的な集合的無意識の象徴としての「海」を考えたときに、何が見えてくるでしょうか。

海から寄り来るもの

　その一つの手がかりは、「寄物」だと思います。海辺に漂着するものを柳田國男は「寄物」と呼び、晩年には全国の民俗学者たちに寄物に関するフォークロアを送ってほしいという呼びかけまでしています。今にして思うと、ちょうどその頃、柳田は自らの本のタイトルにもなった「海上の道」を追いかけ、稲の伝播の道に重ねながら日本人のルーツを探していたのですが、それは、日本人にとっての他界、あの世の観念をどのようにリアリティをもって浮かび上がらせることができるかを必死に考えていた時期でもありました。ですから、柳田が「寄物」を気にしていたのは、海辺

に漂着したものが、海の彼方の異界や他界との交信の手がかりとなり、海の彼方の他界をありありと幻視させてくれる証言者だったからではないかと考えられます。柳田が「海上の道」を語るときに拠り所にしたのは、若いときに伊良湖岬の海岸でヤシの実を見つけたというエピソードです。ちなみにこの話を柳田が島崎藤村に語ったことで「名も知らぬ遠き島より流れ寄る椰子の実一つ……」という「椰子の実」という詩が生まれています。このように、柳田は「寄物」を手がかりとして、海の彼方の世界を浮かび上がらせようとしていたのです。

　クジラが狭い湾に紛れ込んでやって来ることを「寄鯨(よりくじら)」というのですが、この寄鯨は、捕らえられて、すべての村人に分配されていました。つまり、海から寄り来るものは、他界からこの世にもたらされた贈りものであり、誰かが独占してはならず、村人全員が平等に分け前をもらうことができるものです。あるいは、海辺に材木や難破船の荷物が流れ着いたときには、第一発見者がそれを自分のものにすることができました。いずれにしても、海の彼方から浜辺に流れついた「寄物」は所有者がいない無主物ですから、平等に分けたり、最初に見つけた人が自分のものにしていいというフォークロアがあったのです。

二つの海

　この「寄物」の背後には二つの海が見えます。おわかりだと思いますが、日本海と太平洋です。日本海は内海(うちうみ)ですから、漂着するものによって、海の彼方にもう一つの世界、つまり異界があることをリアルに想像することができます。日本海の小さな島のまわりを回ってみるとすぐにわかりますが、海辺に漂着している漂着物の中には、ハングルが書かれたものがたくさんあるのです。つまり、そうしたものを見れば、自分とは違う文字を使う民族の人たちがいる世界が海の向こうにあることをリアルに想像することができます。つまり、日本海で我々が発見する漂着物というのは、そうしたもう一つの世界を思い浮かべるための素材になるのです。

　けれども、太平洋は外海(そとうみ)で、果てしない虚無を抱いているかのように、ただ茫漠と広がっています。確かに南の方からは、ヤシの実のような漂着

物が流れて来ますし、伊豆諸島を歩けば、奄美・沖縄の島々から流れ着いたものも結構見つかります。ですが、それは民族として近しいもので、太平洋に向かって想像を働かせているかというと、どうやら違うのです。つまり、岬や渚に立って、海の彼方にあるもう一つの世界を幻視することができなければ、異界との交歓も生まれてこないのだと思います。

ですから、スクナビコナの神話は、出雲のように日本海の向こうにある世界をリアルに思い描ける場所で生まれましたし、あるいは対馬の寄神神社などもそうです。つまり、そのような寄物があるからこそ、人々は、岬や渚に立って、この海の彼方にもう一つの世界があって、そこと行き来するという物語を紡ぐことができたのです。ですから、記紀や風土記の物語に出てくる海はすべて日本海です。これは、日本人の海についてのイメージについて考えていくときの大切な手がかりになるのではないかと思うようになりました。

日本人と海のイメージ

日本人と航海技術

ここからは少し視点を変えてお話しします。

日本人の航海技術は優れていたはずですが、南太平洋の島々のような、星を見て自分がどこに向かっているのかを探る星見の技術がありません。そもそも日本の文化史の中には、星をめぐる民俗や伝承がほとんどないのです。漁村の民俗といったものをひもといても、星見の技術はなく、あるのは山見とか山当てといった、海に出たときに漁船の位置と山や岬や木々といったものを三角でつなぐことによって自分の場所を確認する技術です。ですから、日本の航海士たちは、山や岬が見える範囲で動いていたのです。あるいは、２万年も前から伊豆諸島の先の方まで行っていますが、それも島がずっと見えていたからそこまで行くことができたわけで、島が見えな

ければ、その向こうに航海して行くようなことはしていないのです。柳田も、風の向きや潮流、そして航海技術といったものを重ね合わせながら、日本人が海の上をどのように移動したのかについて思いを巡らしていました。

日本人と太平洋

　近代以前の日本には海を舞台とした本格的な文学が生まれなかったと言われますが、それは、日本文化の伝統の中で太平洋という外界と直に向かい合うことがなかったことが背景にあるのではないかと思います。

　近代以前の唯一の例外が『土佐日記』だと言われています。『土佐日記』は四国の土佐に赴任した人が、都に帰ってくるまでの2か月間の船旅を日記に描いたものですから、明らかに太平洋が描かれています。そしてこの日記は、女性の書き手に身をやつした男である紀貫之が書いたものです。

　学習院大学の神田龍身先生は『紀貫之』という本の中で、この『土佐日記』には、都から遠く離れた異境の地で幼い子どもを亡くした記憶、死の臭いが漂っていると書いておられます。女性の書き手に身をやつさなければならなかったのはなぜか。事実かフィクションかわからないけれども、死んだ子どもの影を至るところに散りばめているのはなぜか。もしかしたら、茫漠と虚無を抱くようにして広がっている荒涼とした太平洋には、紀貫之も男のままでは立ち向かうことはできなかったのかもしれません。偶然だとは思えないですね。

　また、折口信夫は、あるエッセイの中で、伊勢の大王岬の突端からはるかな母の国を幻視しています。それも太平洋だったのではないかと言われるかもしれませんが、太平洋に向かって紡がれた他界のイメージというのは、必ず南で、東ではありません。日本民族はおそらく中国の南部や南アジアなどの南から北へ北へと旅をしてきたのでしょう。ですから、南というのは、ノスタルジックな母なる国なのです。そして、日本列島にたどり着き、今度はさらに北へと向かったその先にあるものは、エキゾチックな異国、まだ見ぬ異国としての常世です。そのようなイメージを折口は、「妣が国へ・常世へ」という論文の中で浮かび上がらせようとしていまし

た。僕は若い頃から折口のこの論文を何度も読んで来ましたが、「この人は何をやっているのだろう」といつも不思議でした。しかし、今ではとても大切な仕事だったのだと感じています。

海と山の間

　日本列島の視覚的なイメージは二つあり、一つは「山島（さんとう）」です。「山島」という言葉は、確か『魏志倭人伝』に出てきたのではないかと思います。つまり日本列島が近づいてくると、高い山々が折り重なるように連なる島がそこにあり、それが「山島」です。もう一つが「海島（かいとう）」で、これは、海の中に島々が連なって浮かんでいるものです。おそらく我々の先祖は、この山島と海島というイメージに引き裂かれながら、この列島の歴史を複雑に織り上げてきたのだと思います。

　そして、折口の歌集のタイトルに『海やまのあひだ』というものがありますが、イメージとして大切だと思うのは、例えば、先ほどご紹介した水戸辺は漁村集落ですが、なぜ漁民が「鹿」踊りを伝承していたのか不思議だと思いませんか。つまり、海は漁によって自分たちの命をつないでくれる大切な場所です。しかし同時に、村人はみんな自分の里山を持っていて、山に入って木を切ったり、その木で炭を焼いていました。つまり、海に面しながら山を背にしているような狭いところで、海にも山にも関わりながら彼らは暮らしていたわけです。だから、そこには狩猟文化があったのです。これが「海やまのあひだ」です。

　また、沖縄の島々では海に関する伝承が豊かにあり、誰もが知っている「ニライカナイ」という他界から訪ねてくる神を迎える祭りが島中にあります。

　一方、東北では、伝承は豊かにあり、海辺に洞窟があったり、賽の河原があったりするので、海の彼方に他界、あの世があるという感覚は確かにあるのですが、意外なことにその他界に名前が付けられていません。もしかしたら、その他界とは南の方を指していて、東の彼方という感覚ではないのかもしれません。だからなのか、調べていくと、意外なことに、東北には津波の記憶が伝説として残されていないのです。

ユングと沖縄の津波伝承

　ユングの『子どもの夢1』の中には、僕にとってはとても楽しい一節があります。ある夢に関して、「多くの人々が無意識と遊戯的に関わっている。彼らは釣人のように、毎日無意識の中で釣りをし、さらにそれで『暮らしている』。無意識の宝からいろんな善きもの悪しきものを取り出し、それについて才気の溢れた会話を交わし、いろいろと思索を巡らして、新聞記事すら書くことができる。ところがある日、おとぎ話のように、一匹の黄金の魚を獲ることが起こる。それは何を意味するか？」と述べます。これに対し、聴講者が「アニマかもしれない」と言うと、ユングはさらにそれに答え、「そう、釣り人の網にかかる水の精や人魚の古い話がある。それは魂をもたないので、釣り人の魂を狙う。そして問題が始まる。この夢の少年の釣りも、彼のまだ知らない何かとの遊戯的な関わりである。それは冒険であり、その中には危険が潜む」と言っているのです。

　なぜ僕がこれを読んで楽しくなったかというと、沖縄の津波伝承の中にも、まさに釣り人が人の顔をした魚を釣ってしまい、それが津波という危険を呼び寄せる、というものがあるからです。ユングとは異なる文脈の中で、我々の文化的な背景の中で、あるいは、もっと言ってよければ、海に関わる集合的無意識の中で、海から釣り人が水の精を釣ることが意味をもって浮かび上がってくるのかもしれません。

　二つほどその例を挙げます。まずは『南島説話』に収められている怪魚の話のあらすじを簡単にお話しします。

　「昔、村に1人の塩焚きがいました。ある日、海に出て海水を汲んでいると、1匹の魚が浮きつ沈みつしていたので、何げなくそれを捕まえて持って帰り、ザルに入れて軒に掛けておきました。すると、不思議なことに、そのザルの中からかすかに声が聞こえてきます。『一波にするか、二波にするか、三波にするか』」。これは、明らかに津波を呼び寄せる呪文ですね。このように数字が一、二、三と重ねられると緊張感があります。「塩焚きが不思議に思ってのぞくと、さっき捕った魚がいるだけ。こんな怪しいものを食べたら大変だ、放してやろうと思って海に向かいましたが、途中で、村人と出会い、その村人はその魚を持って帰って料理して食べようとしま

した。するとたちまち大津波がやって来て、村は全部洗い流されてしまいました」という話です。
　もう一つ、1884年に編纂された『宮古島舊史(きゅうし)』という本に載っているお話を紹介します。
　「宮古列島に連なる伊良部島の傍らに下地という島があります。その村のある男が漁に出て、ヨナタマという魚を釣りましたが、この魚は人面魚体で、よくしゃべる魚でした。珍しい魚だから、明日みんなで宴会をして食べようということになりました。ところが、その夜、寝静まった頃、隣の家の子どもがにわかに泣き叫び、『伊良部村に行こう』と言います。母親はあんまり泣くので困ってしまい、仕方なく子どもを抱いて外へ出ました。すると、はるか沖の方から声が聞こえてきます。『ヨナタマ、何とて遅く帰るぞ』」。
　ここで「ヨナタマ」という名前について種明かしをしますと、「ヨナ」とは海を表す古語で、「タマ」とは魂です。つまり、「ヨナタマ」とは海の霊、海の神様のことです。この「ヨナタマ、どうしてこんなに帰りが遅いんだ」という声に対し、ザルに吊るされていたヨナタマはこう言います。「我は今、粗炭の上に乗せられ、炙り乾かされること半夜に及ぶ。早く犀を遣って迎えさせよ」。つまり、夜中ずっと炭火の上で炙られている、早く犀を遣って迎えさせろということですが、この「犀」というのは、沖縄の方言で津波を指します。つまり、「早く津波を寄越して助けに来てくれ」と言っているのです。この母と子はその言葉の意味はわからなかったかもしれませんが、実家が伊良部村にあり、深夜近くにそちらに帰り、翌朝に下地村に戻ってくると、村は津波によって流され、なくなってしまっていた、という話です。
　いかがでしょう。この沖縄の津波の伝承では、「ヨナタマ」という海の神がいて、その神は、どうやら自由に犀（津波）を起こすことができます。
　ユングによると、釣りによって、無意識の世界から良いものあるいは悪いものを釣り上げてくるけれども、それは、意識の世界では統御できないものをたまたま釣り上げてしまうようなことかもしれません。まさに、ユングの釣り人が人魚を釣り上げるという話が、この沖縄の津波伝承の中で

もこのような形で語られていることに、僕はとても楽しくなりました。

私たちが問われていること

　震災後、僕は特に福島の被災地を歩きながら、原発事故が我々に何をもたらしたのかについて、ずっと考えていました。そして、石牟礼道子の『苦海浄土』という水俣病について書かれた本を何度か読み返しました。読んでいると、水俣病と原発事故が似ているように感じる瞬間がありました。

　なぜどちらも水辺で起こったのか。チッソの水俣工場は、工場の有機水銀の排水を垂れ流すために海の傍らにありました。ここでの「海」は汚れを浄化してくれるものです。原発も、火を制御するために海水が必要になりますので、すべて海のそばにあります。この「海」は、火をコントロールする役割を託されています。けれども、そうした海の浄化能力やコントロールが臨界点を越えたとき、カタストロフィが始まったのです。

　我々は、水俣病と福島の原発事故が海辺で起きたものであることを忘れてはいけないのかもしれません。『苦海浄土』の中で、水俣病が文明と人間の現存在の意味への問いとして語られていますが、原発事故も同じですね。

　冒頭で見ていただいた写真に、津波が洗い流した境目の山際に鳥居が立っているものがありましたが、このように、津波の浸水ラインのすぐ上に、古い由緒ある神社が残っているのをしばしば見かけました。そして、今回の津波の被災地には500近い縄文時代の貝塚遺跡がありましたが、ほぼすべてが津波の難を逃れているのです。昔の人は、何かを知っていたのではないでしょうか。

　今、私たちに問われているのは、自然に対する畏敬を失い、このような災害を避けられる場所に住むという身の丈の知恵が一つひとつ失われていった、近代そのものではないかと思います。水俣病を通して、文明と人間の現存在の意味を問いたい、と述べた石牟礼道子の言葉が、私の中でずっとこだましている気がします。

　長くなりましたが、ご清聴いただき、ありがとうございました。

注 本稿では著者の意向により写真は割愛した。(編集部)

赤坂憲雄（あかさか・のりお）……………………………………………………………
1953年生まれ。東京大学文学部卒業。東北芸術工科大学教授を経て、現在、学習院大学文学部教授。福島県立博物館館長。民俗学者。著書に『岡本太郎の見た日本』（ドゥマゴ文学賞、芸術選奨文部科学大臣賞）のほか、『異人論序説』『海の精神史——柳田国男の発生』『ゴジラとナウシカ——海の彼方より訪れしものたち』など多数。

討論——基調講演を受けて

指定討論者　川戸　圓
　　　　　　河合俊雄

大いなる母なる水

海と山に違いはあるのか

川戸　赤坂先生、面白いお話をありがとうございました。お話の中で赤坂先生は、ユングは海について述べているところが少ないのではないかとおっしゃっていましたが、スイスには海がないから海についての言及が少ない、という単純な話でないことは、みなさんもご承知のことと思います。では海と山の違いとは一体何でしょうか。日本では海と山の向こうに死の国があるとよく言われますが、ユング心理学で考えると、海と山は違うものなのでしょうか。そして、ユングが海について言及することが少ないのは一体なぜなのでしょうか。これらは、私が日頃考えていることと非常にマッチしておりましたので、それについてお話ししたいと思います。

　まず「海」ではなく、「水（Wasser）」と捉えたらどうでしょうか。生命の誕生は水中で起こりましたし、実は山も海の底が隆起したものですから、もともとは海の底、つまり水の中にあったと言えます。いわば、すべての大元は水の中にあるのだと考えれば、水が非常に大事なシンボリックなものとして捉えられるのではないでしょうか。

　例えば、何万年も前は海の底にいたはずの三葉虫が山肌の地層から化石として発掘されるのを見て、人間が生まれるずっと前は、山も海の中、水

の中だったことがわかるわけです。このような捉え方をすると、特にユンギアンの人にとっては、海の向こうに死の国があることも、山の奥に死の国があることも、実は象徴的には同じだと捉えやすいと思います。

　これを前提にしながらユングの全集を引いてみると、水については非常に多く言及されています。水とは母なるもの、つまり生命の源です。海が無意識で、山が意識だと捉える一方で、さらに遡れば、どちらもが無意識だったとも言える。つまり、人間的観点から見ると、海と山は違うものですが、人間以前の世界から歴史を見るというユングの観点を入れると、海とは大いなる母なる水、地球を包んでいた水であり、山もまた水底が隆起したものであり、水がないところに生命は生まれなかった、と象徴的に捉えるとわかりやすいのではないかと思いました。

川を通じた循環

　川戸　私は日本海側の丹後半島という山と海のどちらにも非常に近いところで生まれ育ちました。そこでは、海と山は川、つまり水でつながっていました。そして、日本海ですから、先ほども赤坂先生がおっしゃったように、朝鮮半島やロシアなどからいろいろなものが流れてきました。丹後半島の真ん中には、大江山というその近辺では一番高い山がありますが、この大江山には酒呑童子という、お酒を飲んで顔を真っ赤にした鬼のような大男が住んでいるという話がありました。私が小さい頃にもその話がまだ残っていて、遠足で大江山に行くときは、あんまり騒ぐと酒呑童子さんが出てくるぞと先生に脅されて、そろそろと進んだものでした。この酒呑童子は、ロシアから流れ着いて、山に籠もって生きていた人で、ロシア人だからヒゲはぼうぼうで赤ら顔、そして体は白く、日本人とはあまりにも見た目が違う。そこから鬼のような存在がいる、という話になったのではないかと言われています。

　このように、モノだけではなく人間までもが流れ寄って来たということです。そして、この流れ寄ったモノは「酒呑童子」という怖いモノになりましたが、実は、この怖いというのは神の一面でもあるのです。非日常の世界から呼びしもの、それがすべて神になった。そして私たちは、そのよ

うな神を戴きながら、それをすぐに
川に流します。各々の神は、ご先祖
様であり、死者でもあるわけで、つ
まり死者を迎えて、そして川に流す
と、それは流れ流れて海に行くとい
うことです。このように、水の力を
頼りながら海に死者、神を送り、そ
してまた迎えるということをしてき
たわけです。川という真水に放流す
ることを通じて、塩水である海と私
たちはこのように常に循環している
のです。神は、その循環によって、

現れては消えて、去って行くものではないかと思っています。そうすると、
死者は常に神になりうるわけで、そのように考えると、神とは面白い概念
です。

穢れを流す川の神様

　川戸　赤坂先生のお話に、海辺にもう一つお墓があって、骨となった人
はすべて海が持っていってくれるという話がありましたが、私はその話を
聞きながら、「延喜式」を思い出していました。延喜式とは、927年に完成
した、いわば宮中の決まりごとですが、私はスイスのユング研究所で『源
氏物語』についての論文を書いたとき、この延喜式に出てくる神様がとて
も面白い姿をしていることに気づきました。

　まず川の瀬にはセオリツヒメという女の神様がいて、流れが速くなると
ころにはハヤアキツヒメ、そして河口近くの浅瀬の海にはイブキドヌシと
いう男の神様がいます。それから、深海にはハヤサスラヒメという神様が
います。この3人の女の神様と1人の男の神様が、延喜式の大祓（おおはらえ）という
不浄のものを流す儀式に携わっています。赤坂先生もおっしゃっていまし
たが、海、すなわち水は浄化作用をもっているのです。

　1年間に溜まった人間のさまざまな罪を、セオリツヒメが川という水を

使って海の近くまで運ぶ。そして、ハヤアキツヒメは、それをもっと速く運び、イブキドヌシがその罪を全部受けて、ふーっと吹くと、罪・穢れはすべて海の向こうへ流れていきます。

　すると、ハヤサスラヒメという海底をさすらっている神様が、あらゆる罪を受け取ることになります。さて、このハヤサスラヒメはどうするのでしょうか。実は、その罪をすべて受け取って、ふらふらと海の底をさすらううちに、知らぬ間に罪がなくなっていくのです。こうして、私たち日本人は浄化されて、また新しい1年が始まるというサイクルになります。ですから、海の一番深いところにいるのは女性的なもので、このような女性的なものは、すべての誕生の源であると同時に、誕生によって生まれたいろいろなものをもう一度全部飲み込んで、海という自然の浄化の中で、誰を責めることもなく、知らぬ間に罪や穢れはなくなってしまうというわけです。

　この概念は、西洋にはないものだと私は思っています。西洋は、なぜ罪が生まれたかについて論じ、素晴らしい哲学が生まれましたが、日本ではそのような哲学をはるかに超えて、ハヤサスラヒメが受け取って、水の底をさすらっているうちに穢れがなくなり、また新たな年が始まる、ということになるわけです。このような話を聞くと、外国の方はびっくりすると思います。また、京都の上賀茂神社の禊は川で行いますが、この川の水は最終的にはすべて海に流れていくわけですから、海の水と川の水は、シンボリックとしては同じ水であるということになります。この水に、私たちはすべてを託しているのです。

命を生み出し、奪うもの

　川戸　このすべてを託した水なるものが、時には、私たち人間の建てた家や田んぼ、堤防などといったものをすべて飲み込むこともあります。これは、浄化してくれたと考えることもできます。命を新たに生み出す一方で、命を取りにくるとも言えます。水という自然は、生み出すと同時に奪うという権利も有しているのではないでしょうか。つまり、私たちは、水によって生まれてきたのだから、水には敵わないということを心のどこか

に置いておくべきなのです。

　中島みゆきに『海よ』という素敵な歌があります。その歌詞は、海の向こうに心の荷物を捨てに行く、そして、私たちはもう一度生き返る。その捨ててきたものは、またもう一度戻るかもしれない、というものです。

　私の初めての師である牧康夫先生は海で自殺し、私はその直前まで牧先生と話していたのですが、その時に、小林秀雄が非常に若い頃に書いた『蛸の自殺』という作品について話していました。小林秀雄は長谷川泰子という恋人に振られたと思い、自殺しようと大島に向かう船に乗ったのですが、結局は死にきれずに戻ってきてしまったのです。この作品について話しながら、「小林秀雄の中には、もう死がセットされているのでしょうね」と話をしていた直後に、牧先生は、海に本当に飛び込まれたのです。つまり先生は海に還られたのですが、海あるいは水というものは、生命をもう一度包んで浄化してくれているものでもあるのではないかと思いました。

　このようなことを念頭に置きつつ、もう一度ユング全集をひもといてみると、いろいろと面白いことが出てくるかもしれません。

日本人の心と境界

境界線とは何か

　河合　赤坂先生のお話を聞きながら思い出したのですが、私も阪神大震災で被災した後で、古地図を見たことがあります。その時に、海岸線というのはこんなにも動いているものなのか、と驚きました。そして、潟（ラグーン）というのは土とも水ともつかない、ある種の境界ですね。このようなところには保護されている有名な場所が多く、つまりは豊かなのです。そのような意味でも、境界線とは何かということについて考えさせられました。

例えば、今、川戸先生と私の前には境界がありますし、そこかしこにも境界というのはあるわけです。しかし、赤坂先生と私は『遠野物語』の研究会をしていて、遠野に調査に行っているのですが、非常に面白いことに、遠野の世界観からすると、この世とあの世の境界は固定しておらず、ある意味、混じり合っています。それは、水、海についても言えるのではないでしょうか。
　私が『遠野物語』を読んで衝撃を受けたのは、あれだけ「異界の話」だと言われているにもかかわらず、異界が出てこないところです。確かにさまざまな異人には出会うのですが、向こうの世界がどのようなものかは描かれず、徹底して境界の話なのです。
　そして、赤坂先生の話に「寄物」の話が出てきましたが、その境界に現れてくるのが必ず津波や貝塚といった具体的なモノであるのは、非常に面白いと思います。赤坂先生もおっしゃっていましたが、古代日本に星見の技術がなかったということは、山や島が見えないとそこには行けなかった、つまり、抽象的なオリエンテーションはできなかった、ということです。ですから、日本人にとってのあの世というのは、非常に豊かで、あちこちにあるものであると同時に、決して抽象化されないものだったのではないでしょうか。これをサイコロジカルに言えば、無意識のものが必ず具体的なイメージとなる特徴が日本人にはあると言えるのではないかと思います。箱庭療法も、実際にアイテムや砂を見て触ったり、非常に具体的ですよね。ですから、日本では箱庭療法が非常に受け入れられたのではないでしょうか。
　また、先ほど川戸先生の話の中にも出てきましたが、上賀茂神社は京都市内の北部にある神社である、というのがみなさんの認識だと思います。ですが、実際に行ったことのある方はお分かりいただけると思うのですが、あそこには岩肌があり、それによって、何万年も前は上賀茂神社が海に突き出た岬であったことがわかります。つまり、上賀茂神社のある場所は、かつては海と陸の境目にあたり、だからこそ今も聖地になっているのです。このような意味で、日本人にとって境目というものは非常に大事なものだと思います。

境界がない日本人

　河合　先ほど、ものを言う魚を食べようとしたら津波が来たという沖縄の話が紹介され、これに関連して、ユングの釣り人の夢の話をされていましたが、人間が魚を釣るというのは、意識が無意識から何かを取ってくるということですから、意識と無意識の非常にクリアな関係を表しています。ですが、どうやらこれが日本では通用しないようだということを、この沖縄の話は示しているように思います。

　食べようとした瞬間に津波が来てしまう、ということは、つまりは食べてはいけないということです。もう少し翻訳すると、人間が無意識、向こうの世界のものを取り入れ、自分のものにして支配することはできないということを示しています。つまり、そうしたことが自然に対するリスペクトを欠いている、ある種の自然の摂理に反することである、ということを明瞭に語っているのではないでしょうか。つまり日本人には境界がないとも言え、このあたりが、自然を支配するという立場に立つ西洋のあり方と大きく違うと思いました。

　河合隼雄も『昔話と日本人の心』の中で、亀に対するあり方から浦島太郎の話とヘルメスの話を対峙させています。浦島太郎は亀に乗って、いわば亀の誘導に従って、竜宮城へ行くわけですが、一方、ヘルメスは亀を見て「おまえから素晴らしい竪琴を作ってやる」と言うわけです。これはつまり、亀を殺して甲羅から竪琴を作るということですから、自然を支配して、技術を用いて自分の思い通りにしよう,とすることです。ここがまず日本人とは根本的に違っていて、少なくとも日本の伝承を見ている限り、このようなことはタブーで、うまくいきません。

　また、境界がないということに関連して、たまたま昨日、テレビで高野山についての番組を観たのですが、空海は今も生きている、ずっと深い瞑想に入っておられる、ということで、食事が毎日用意されているそうです。高野山の人はそれをずっと守り続けてきたわけですが、その背後にあるのは、生死の境など存在しないというメンタリティでしょう。

　このように考えてくると、赤坂先生もおっしゃっていましたが、堤防を作るという発想自体がとんでもないことです。日本人の心は、まず境界が

ないところ、あるいは自然を完全に自分の支配下に置いてしまえないところが美点なのに、境界を勝手に作ってしまうというのは、それに反することです。我々のように、心理療法をしている人間からすると、人の心というものはなかなか変わらないとは思いますが、日本人の心は変わりはじめているのでしょうか。

　第4回河合隼雄学芸賞を受賞した武井弘一の『江戸日本の転換点──水田の激増は何をもたらしたか』は面白い本でしたが、その本によると、水田は稲しか作れないと思ってしまいがちですが、実はそうではなく、田んぼに来た鳥を撃って獲ったり、魚釣りをしたり、さまざまな営みがなされ、さまざまなものを得ることができます。そして、刈り取った後もワラを使ってものを作ったり、本当に豊かなシステムになっているのです。

　江戸時代の徳川吉宗の時代には、水田を増やそうとする人間がすでに現れ、伐採などをするようになり、水害が起こるようになりました。このように、それまでは海と山という、いわば自然に囲まれ、人間の領域は狭かったわけですが、その領域を極端に広げていこうとするのが近代だったと言えるのではないでしょうか。

　そのような中で、これまで山や海を通じて、向こうの世界とつながっていた我々にとって、神聖さというものがどのようなものになったのか、あるいはこのような拡大していくあり方が、日本人の心にとってどのような意味をもつのか、ということについて、心理学者として今後も考えていく必要があるのではないかと考えています。

今後の日本人の心のあり方

山と海の捉え方の違い

赤坂 僕には石川直樹君という、20代で七大陸最高峰の登頂に成功した友人がいるのですが、彼によると、エベレストに登って八千メートル級のところにいると、深い海の底にいるようだと言うのです。空も近く、空気も薄くて、海の底を漂うような感覚があるそうです。その話を思い出しつつ、確かにエベレストも隆起した山ですから、かつては山も海の底だったという川戸先生のお話を聞いて、「ああ、そうか」と思いました。

今日はお話ししなかったのですが、イタリアの文化人類学者のマライーニ（Maraini, F.）が、能登半島の北に浮かぶ舳倉島を訪れて、『海女の島　舳倉島』という本を残しています。マライーニはイタリア人ですが、日本文化についてもよく理解していて、非常に優れた文化人類学者です。このマライーニがとても面白いことを言っていて、イタリア人の自分たちにとっては、海とは大地を取り巻き、大地をそこで終わらせているもので、親しみなどは感じないというのです。この人はシチリア島にも何年か暮らしているのですが、そこでも、シチリアの海峡というのは船に乗ればすぐに渡れるもので、だからこそ逆に、道もなくて１年の大半を雪に閉ざされている南アルプスなどよりも、狭い海峡の方にもっと大きな隔絶を感じると書いているのです。

イタリアは背後の山からの侵入を常に受けてきましたが、海と山が侵入を食い止めているとも言えます。ですが、そこに暮らしている彼らにとっては、海は親しみの感情をもつことのできないもので、背後の、それこそ人跡未踏のアルプスの方が、まだある種の懐かしさを感じるものなのだそうです。

マライーニはまた、イタリア人は目の前にある海は障壁だという意識に囚われており、日本人は波によってこの大地にたどり着き、その延長で生きているから陸地を海の続きのように思えるのだと述べています。

ですから、日本人と西洋人との文化的、精神史的な違いというのは、海や山をめぐる小さな違い、普遍化すれば、水のシンボリズムから生じているのかもしれません。ですから、山と海に対する捉え方の違いが我々の心の世界にどのような影響をもたらしているのかについて考えてみたいと思いました。

僕は、震災後に渚という不思議な場所がとても気になり、例えば、加藤真の『日本の渚』（岩波新書）などを読みました。これはとてもいい本ですが、この本の中でも、渚というのは非常に曖昧な境界領域として描かれています。水が引くと砂浜になり、またすぐ波を被る。ですから、境界として眺めたときに、ある意味では、極めて曖昧かつ抽象的に見えてしまいます。でも本当は、そのように幅のある、厚みのある境界のようなものこそが、人間たちが暮らしている現実にとっては大切なものなのだと思います。先ほど河合先生もおっしゃられたように、抽象的な他界は存在しないと思います。つまり、人々は渚に流れ寄ったかけらを見ながら向こうの世界を想像していて、それによって、その場所の精神史のようなものを背負っているのかもしれません。

沖縄でも、ニライカナイからの神様を迎える儀式では、神様が仮面を被った怪物のような恰好をして現れたり、非常にリアルで具象的です。昔の沖縄の人たちは、ニライカナイに生きている人たちの姿も思い浮かべていたのかもしれません。ですが一方で、太平洋に面した、例えば三陸では、親しみを込めて異界を名づけたり、異界のようなものが海の向こうにあるとは信じていないのではないかと思うことがあります。僕は先ほども太平洋を「虚無」と表現しましたが、このように、日本海と太平洋という二つの海を、内海と外海に分けて考えないといけないのではないかと思うようになりました。

ゴジラが表しているもの

赤坂 日本人は、戦後になって初めて太平洋を一つの他界として共有の認識の中に取り込み、それを視覚的、映像的に示したのがゴジラだと思います。南洋と呼ばれる南太平洋の島々は、戦前は日本の植民地でしたが、

当時の日本人には、島の人たちと一緒に楽園のようなものとして作っていこうという意識が間違いなくありました。ですが、その島々は、アメリカ軍との戦いの舞台として数百万もの若い命が失われた場所になり、さらに戦後には原水爆実験の舞台になることによって、とんでもないレベルで穢されてしまいました。

　このことについて、我々は第五福竜丸事件という形で語り継いでいますが、実はこの時、1000隻ぐらいの船が被爆していたのに、その事実が隠蔽されていたのです。つまり、戦前の南太平洋の島々に対する楽園のイメージが壊れ、しかもそれを数百万人の死者たちの影が覆い尽くしました。それが、海の彼方から訪れてくる異形の神、ゴジラという形象として表されたのではないかと思います。これについては否定される方も多いと思うのですが、僕はそのように考えています。

　このゴジラは、南太平洋の島から、まずは絶海の孤島の大戸島に向かいます。その大戸島では、ゴジラという海の向こうからやって来る神様を迎える神楽を行っています。この神楽を見ながら、じい様が新聞記者に向かって話す物語の中に、かつては海が荒れて出られなくなると、娘を生贄として海に流したという生贄譚が含まれています。その神が東京湾の入り江に姿を現し、異界の南太平洋、そして絶海の孤島から東京湾へ、そして皇居だけは踏み入らずに、まわりを回って帰っていく。それが日本人の精神史の中で、初めて太平洋が死者たちの眠る場所として、他界として共有された瞬間だったのではないでしょうか。

　これに関連して、三島由紀夫の『英霊の聲』の一節を朗読してみます。

　「この日本をめぐる海には、なほ血が経めぐつてゐる。かつて無数の若者の流した血が海の潮の核心をなしてゐる。それを見たことがあるか。月夜の海上に、われらはありありと見る。徒（あだ）に流された血がそのとき黒潮を

血の色に変へ、赤い潮は唸り、喚び、猛き獣のごとくこの小さい島国のまはりを彷徨し、悲しげに吼える姿を」。

　これは亡くなった若い兵士たちの霊がシャーマンの口寄せで降りてきて恨みを語る場面ですが、僕にはこの一節がある意味ではゴジラの解説としか読めませんでした。

これから向き合っていかなければならないこと

　河合　赤坂先生、ありがとうございました。本日の赤坂先生のお話は、日本に昔からあった自然との関係や心のあり方についてクローズアップしてくださるものでした。境界には必ず具体的なものが現れてきて、それを通じて関わりをもつ、とか川戸先生のお話の中では海が浄化してくれる、という話がありました。ただ、難しいのは、現代ではどうもそのままではうまくいかないようだ、というところです。浄化されるはずの穢れが、一連のサイクルから出てしまう、そしてそのように穢してしまったのが自分たちである、ということをどのように引き受けていくかが非常に大きな問題だと思います。それと同時に、具体的ではない虚無、抽象的な海とどう関わるかが課題であると言えるかもしれません。それは、地球として、宇宙としての大きな話であると同時に、心にとっても、そのようなモデルをどのように生み出していけばよいかが大きな問題だと思います。その答えはまだ出ていないのではないでしょうか。

　赤坂　東日本大震災と東京電力福島第一原発の事故によって、僕らは巨大な傷をこうむったと思います。ですが、その巨大な傷の向こうには何か虚無が広がっている気がしますし、向き合うことが怖いのです。ですから、以前は政治にせよ経済にせよ、もう少し繊細に進めていたと思うのですが、その繊細さをかなぐり捨てて、我々の心は今、荒涼としているというか、寂しいというか、震災のときに、変わっていってほしいと思った方向とは逆の方向に、つまり、何も信じていないという方向に行ってしまったのではないかと思うのです。僕はその寂しさをどのように引き受けたらいいのか、ということに失敗しているような気がしています。

　また、ゴジラ映画を観ていて、アジアがまったく出てこないことに気が

つきました。ゴジラ映画では、日本が露骨な侵略をした中国、朝鮮、東南アジアといったエリアではなく、そこから少し外れた南太平洋の島々が出てくるのです。あのエリアには、アメリカとの関係しかなく、よくよく見ると、ゴジラはアメリカの影で、日本とアメリカとの関係を表しているとも言えます。ですから、日本は戦後、アメリカと向き合うことだけでやってきましたが、本当に向き合うべきアジアの国々とは向き合っていないのです。ですから、ゴジラ映画が、アジアを取り込むことができたときには何かが変わるのかもしれない、と思ったりしています。

　川戸　会場のみなさんはゴジラを観たことがおありでしょうか。実は、私はそれまで観たことがなかったのですが、敬愛する赤坂先生がゴジラについてのご著書を書かれたということで、悩みに悩んでDVDを揃えて観てみたのです(笑)。

　ゴジラというのは、ジュラ紀の地層から出てきたという設定で、大戸島を経て東京湾へやって来るのですが、最後はこのゴジラを海にお返しするのです。そしてその時、ある科学者がすごい発明をして、ゴジラを溶かして沈めることになるのですが、発明した彼自身も、その薬品を抱えてゴジラと一緒に沈んでいくのです。

　一緒に沈むということで言えば、我々日本人は、人を生贄として川に放り込み、血の魂で川を鎮めてから橋を作る、ということを昔はやっていましたけれども、ゴジラの場合、ゴジラを鎮めるために、ゴジラを骨にして溶かしてしまう科学者が一緒に死んでいく。そして、ゴジラは骨に還る。そして、骨に還ったら、また生まれてくるのだと思います。ですから、このゴジラの物語は心理学的に大事な映画で、私たちがもう一度考えておかなければならない問題を再考させてくれるに値する映画だと思います。ですから、観るきっかけを与えてくださった赤坂先生に感謝しています。

海の向こうに想像力を

　川戸　ここで、赤坂先生に質問です。大津波で、東北の海岸線から命をはじめとしたいろいろなものが奪われた一方で、流されたサッカーボールがアメリカにたどり着き、また戻ってきたということがありました。あの

現象について、赤坂先生はどのように読まれますか。

赤坂 我々の時代だから、海の向こうには虚無の世界が広がっているのではなく、海流に乗れば向こうの大陸に流れ着くし、流れ着いたものがまた戻ってくる、ということがあるわけです。これまでの日本文化の中では太平洋というのは虚無であるかのように捉えられてきたと思うのですが、今はそれが間違いなく変わってきていると思います。それがどのような意味をもつのか、と思ったりもしますが、見えない放射性物質にアジアの国々は脅えたりしていますよね。このようなことについてもきちんと見ておかなければならないと思っています。

川戸 河合隼雄先生の『明恵 夢を生きる』の明恵は、和歌山県の南端に行って、島に宛てた手紙を書き、それを海へ流したそうです。彼の心の中にはイマジネーションとしてのインドがあり、つまり、仏教の発祥地であるインドに行きたいけれども行けないから、島にお手紙を出すということをなさった。

今、私たちは、海の向こうにはアメリカやカナダがあるということを知っていますが、その具象化によって、我々の想像力をあまりにも貧困化させないことは重要ではないかと思っています。つまり、アメリカの向こうにもまだ国があるかもしれないし、いろいろなものがあるかもしれません。あちらの海の彼方に何かある。そこに夢を託す、あるいは語りかける、ということ自体が、いわば私たち個人が自分の無意識に語りかけることとイコールだ、という思想を育みたいと私は思っています。私たちの心が無限であるように、地球への無限の想像力を育むことは、サイコロジストにとって、とても重要なことです。そのような意味で、ボールが戻ってきたということについて、私は大事に受け止めて、向こうには何か返ってくるものがある、何か新しくやって来るものがある、というところを学んでいきたいと思っています。

太陽の象徴

川戸 さて、今回の大会プログラムの表紙にはユングが描いた絵が使われています（図1）。この絵は、夜に真っ暗な海をずっと進んでいくと、

図1

そこには太陽という大きな意識が出てくることを表しています。私は、無意識と意識の交流、交互作用が起こることをユングが一つの大きな夢として描いたものではないかと考えています。

太陽は毎日地球のまわりを回っていますから、エジプトの神話にも、太陽が魂を運んでいくという話があります。このように太陽はずっと動いていて、輝いているけれども、この絵が表しているように、真っ暗な中をずっと進んでいくと、そのような暗闇の深い無意識の底にも輝く意識があるということです。つまり、無意識と意識はまったくの別物ではなく、無意識の真っ暗な中にも太陽のような意識がある、ということを描いているのではないかと思うのです。河合先生、いかがでしょうか。

河合 さあ、どうでしょうね。太陽が沈んだ後もずっと航海を続けていって、朝になると太陽がもう一度現れる、つまり再生してくる、というのは非常に強い印象があったのではないかと思います。これは１日のサイクルの話ですが、初期キリスト教でも、キリストは太陽神だという信仰があり、十字架も上下左右同じで太陽を表していると言われています。また、エジプトではスカラベ（コガネムシ）は太陽の象徴ですが、これも死と再生のイメージとして『赤の書』には出てきますし、我々が見ている太陽は明るいけれども、沈んでから動いているのは黒い太陽であるという表象もあり、この「黒い太陽」も『赤の書』で出ていたと思います。ですから、カラスという黒い鳥と太陽には関係があると言えます。

赤坂 ちょっと質問をさせていただきたいのですが、これは太陽なのでしょうか。なんだか鏡のようにも見えますね。日本でもアマテラスの御神体は鏡で、このような鏡は村の神社などに行くと必ず飾ってありますが、

ユングはそれを見たことがあるのでしょうか。また、船の下には魚がいますよね。そして青色の上の層と緑色の下の層で2層に分けられているのは何を表しているのですか。

川戸 海は必ず空と対になっています。簡単に言えば、空と海が引っつく水平線になると、空が海なのか、海が空なのかの境界が曖昧模糊になるのです。この緑色と青色というのは、海と空だと思います。そして、魚は鯨ではないかと思っています。

先生のお話の中にも寄鯨の話がありましたが、クジラの中に飲み込まれると真っ暗な状態です。私も先日までひどいデプレッションでしたが、このようなときは真っ暗闇にいる感じで、いわばクジラのおなかに閉じ込められているようなものです。動けないし、創造的なことも何もできないし、という状態に追い込まれている時に、ぽっと明かりが灯ると、この真っ暗闇から脱出できるかもしれない、と思うのです。そして、脱出することによって、クジラの中の真っ暗闇を体験した私と、体験しなかった私とは、ちょっとだけですが、変わっています。そのような暗闇の中でじっとしてまったく動けないところに太陽の光を見ることによって、私たちはデプレッションの状態から脱出することができるという心理的プロセスを表したかったのではないかと思います。あるいは、先生がおっしゃるように鏡もそのようなものではないかと思います。

赤坂 この絵について、ユング自身が語っている言葉はあるのでしょうか。

河合 ユングは、絵について説明している場合と、まったく説明していない場合があり、これについては説明があった記憶がありません。ただ、適当に描いているわけではないのは確かで、私自身、あまり興味がないので、絵の細かい解釈はしていないのですが、『赤の書』の図版についての解釈を扱った面白い論文はけっこうあります。調べてみないとわかりませんが、上層の青色や模様については、全体がおそらくある種の曼陀羅を表していて、いろいろな意味が込められていると思います。

排除された男性の太陽神

赤坂 今の太陽の話をお聞きしながら、異形で生まれてきたために海に流されたヒルコという神様の話を河合隼雄先生が論じられていることについて思い出しました。隼雄先生は博士論文の中でヒルコは太陽の男性神だと言っておられ、確かに、太陽の女神であるアマテラスの別称「ヒルメ」に対するものだという解釈も可能ですが、そのような解釈はほとんどされていない気がします。しかも、これも隼雄先生が指摘されていますが、古代の神話の中で、海に流されたヒルコは、中世に恵比寿神としてこちらの世界に幸いをもたらす神として戻ってきています。つまり、ヒルコは流されただけではなく、何百年もかけて再生して戻ってくるというイメージをもつのです。もしかしたら、アマテラスという太陽女神の陰で、ヒルコは抹殺され、流された。つまり海に還された、ということの意味は、我々の心の歴史にとって、とても大きいのかもしれません。

　また、ツクヨミ（月読）という月の神様が日本神話の中では何の役割も果たさず、ただ名前しかないような神であることから、隼雄先生は「中空構造」という日本人の心についての論を展開されましたが、そのあたりをうまく解きほぐしていくと、このように月を抹殺することによって、ユングのような黒い太陽としては表現されないまでも、太陽の二面性、両義性

のようなものを、このような形で提示したのかもしれません。隼雄先生はこのことについて何か書いておられましたか。

河合 ヒルコについてはいろいろと書いていて、彼の解釈は、どちらかというと母性社会理論からのものです。つまり、日本では八百万の神と言うぐらい、排除するということがなく、後から入ってくるものを大抵は受け入れたのだけれども、その中で排除せざるを得なかったのが、男性の太陽神であるというものです。これは、よく考えてみると、西洋で一番中心になりそうな神様である、というのが、大雑把ではありますが、彼の解釈です。その追放したヒルコを、どのような形で迎えるかが、今後の現代の日本人の課題ではないかと思います。また、恵比寿の話をされたときにも思ったのですが、ゴジラのような異形のものが、ある意味で戻ってくるということも関係しますし、その穢れなきはずの世界に、穢れがあると思われているということとも関係してくるかもしれません。

それでは、そろそろ時間ですので、これで閉じさせていただきたいと思います。

川戸 圓（かわと・まどか）……
大阪府立大学名誉教授。日本ユング心理学会（JAJP）設立時理事長。ユング派分析家。分析心理学とその象徴論を基礎にした箱庭療法やロールシャッハ・テストを専門とする。心理療法をベースにユング心理学と密教思想の類似性、妄想と文化の関連性などの研究を行っている。著書に『心理療法とイニシエーション』『花の命・人の命』（いずれも共著）、訳書に『女性の誕生』『ヴィジョン・セミナー』（いずれも共訳）などがある。

河合俊雄（かわい・としお）……
1957年生まれ。京都大学大学院教育学研究科博士後期課程中退。Ph. D.（チューリッヒ大学）。ユング派分析家。臨床心理士。現在、京都大学こころの未来研究センター教授。専攻は臨床心理学。著書に『ユング——魂の現実性』『村上春樹の「物語」』『心理臨床の理論』『ユング派心理療法』（編著）『発達障害への心理療法的アプローチ』（編著）『思想家 河合隼雄』（共編著）『発達の非定型化と心理療法』（共編著）など。

講演録

分析という場
対人的および元型的側面

ジョセフ・ケンブレイ
パシフィカ大学院大学

通訳　河合俊雄
京都大学こころの未来研究センター

場の理論

　本日は、「分析という場」についてお話しします。「場」というのは、ここ10年で精神分析で取り上げられるようになった考え方で、特にトーマス・オグデン（Ogden, T. H.）が取り上げています。

　ここで、数学者のポアンカレ（Poincaré, J-H.）の引用から始めます。少し省略しますが、彼は「科学の目的とは、ものそれ自体ではなく、そのものの間の関係である。この関係のほかには何も知るべき現実はない」ということを述べています。これは、東洋における華厳経の考え方に対応する西洋における考え方だとポアンカレは述べています。つまり、現実は「場」から成り立っており、それを支えるものは何もないというのが、この中心的な考えです。そこで、まずユングの「場」に関する考え方を見ていきたいと思います。

　図1は、このような「場」におけるセラピスト－クライエントの相互作用を図式として表した有名なもので

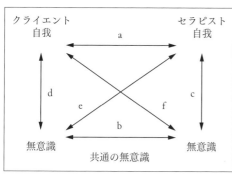

図1

図2

す。これは、ユングが1930年代に作ったモデルですが、1人の「無意識」を深めていくと、このようにつながっているということを示しています。これは、「無意識」が層になっていて、あるところまで行くと、その「無意識」がその人だけに特定されない、共有される場に入るということになります。

　当時のユングは、華厳経など知らなかったわけですが、いったいどこからこの着想を得たのでしょうか。19世紀の物理学を考えてみると、電磁気学が目に見えない「場」に対する理論だったので、そこから影響を受けたのかもしれません。

　とても簡単な実験ですが、磁石をプラスチックの上に置いて、その上に鉄屑を撒くと、図2のようになります。つまり、「場」が姿を見せるわけです。

　エルステッド（Ørsted, C.）というデンマークの物理学者が、1820年に電流を流す実験をしているときに、たまたまコンパスが北以外の方角を指すように動くことに気づき、電流が磁場を形成することを発見しました。このような磁石の「場」というのは、非線形的で目に見えないもので、その後、さまざまな物理学者が研究しましたが、決定的な形となったのは、みなさんもご存じの、イギリスの物理学者であるマックスウェル（Maxwell, J. C.）が、1860年以降に電磁気学を確立してからです。

　これらは心理学から遠いように思われるかもしれませんが、実は、ウィリアム・ジェームズ（James, W.）も1875年にマックスウェルの研究をしており、その電磁気学を自分の意識野のモデル、メタファーとして用いて、1905年に『宗教的経験の諸相』が書かれたわけです。

図3

「第三のもの」

　この「意識野」「意識のフィールド」という表現が最近、非常に注目されるようになりました。もともと一つの観念というのが精神世界をつくると思われていましたが、最近になって、もっと心の状態全体が大事なのではないかと言われるようになり、それが、波、フィールドという言葉で描写されるようになったと考えられます。

　このフィールドというのは、端がはっきりとは決まらず、どこまで広がっているかがわからないので、行動を決めて、行動して、次に注意しなければならないことが何かを決めていくことになります。我々の前にもこのような磁場のようなものがあり、それが、先ほどの実験でのコンパスの針が動くように、行動にも影響を与えることになります。

　しかし、ここで一つ問題があり、この考えは、後にパウリら（Pauli, W. E.）によって提唱されたような量子力学の「場」の理論に基づいたものではなく、古典的な「場」の理論に基づいたものなので、もうワンステップが必要になると思われます。

　これは、この理論がいかに臨床の中で出てきているかを示す一例ですが、ユングは自分のスーパーヴァイジーに宛てて、患者に関しては、その夢がその人から出てきているというのは正しいが、深い意味では、それは我々と他者との間から出ているのだ、と書いています。

　ここで大事なのは、それがどちらかの個人から出てきているわけではなく、「第三のもの」が想定されているということです。ユングにとって

「第三のもの」とは、メルクリウス（ヘルメス）的な意味をもっています。図3は『転移の心理学』の一番初めに出てくるバラ園の図で「メルクリウスの泉」と呼ばれているものです。このような西洋の錬金術については、みなさんにとってはとても遠いものだと感じられるかもしれませんので、現在の科学理論から説明します。

相互作用から生まれるもの

現代の複雑系理論では、このようにいろいろなものが相互作用している中から、自己生成して何かが生まれてくると考えられています。例えば、宇宙がどのようにしてできてくるかを考えると、やはりこのように相互作用から、あの銀河系のようなものが出てくると考えられるわけです。物質から精神のようなものがどのようにして生じてくるかというのは、西洋哲学の大きな課題ですけれども、このようにエマージェンス（創発）という考え方で理解することができます。それは、華厳の考え方にとても近いものなのです。

ハチの幼虫はお互いにコミュニケーションをとることはできませんが、ふわっと集まったときに起こってくることはとても興味深く、幼虫は、お互いにコミュニケーションを取っているわけでも、リーダーがいるわけでもないのに、集まると、ある化学物質を出します。その出した化学物質によって、オスのハチがやってきて、そして、オスが幼虫を巣に運んでいきます。このように、自発的にしている行動であると同時に、それは適応的な行動でもあり、目的をもっているものでもあるのです。第三の対象ができてくるというのは、このハチの行動と似ています。

「逆転移」でも、もともとは1人の人をモデルにして考えられていたのですが、フロイトもユングもそのうちにセラピストとクライエントの交互作用であると考えるようになっていきました。それは電話の受話器のようなもので、受話器が電気信号を音に変換しているように、セラピストはクライエントからの無意識の信号を音に変えていく、それがクライエントの自由連想を決めていくことになるわけです。

ここで興味深いのは、語るのはクライエント、聴くのはセラピスト、と

いうように一方的な関係ですが、これは、セラピストは真っ白なスクリーンであるという考え方によるものです。フロイトは『続精神分析入門』で、電話で話を聴くというアナロジーを用い、テレパシーとはイマジネーションの中だけで可能であると述べています。フロイトはテレパシーにずっと興味をもっていましたが、後期になって出てくるのは、「語る」と「聴く」の両方が出てくるモデルです。

精神分析での展開

　ここからは、この理論がその後の精神分析にどのように展開されたかを見ていきます。

　まず1976年に、ロバート・ラングス（Langs, R.）が交互作用のモデルを作り、それをサンフランシスコのユング派のウィリアム・グッドハート（Goodheart, W.）が取り上げ、グッドハートは、個人的なフィールド（場）を三つに分けました。一つはペルソナを回復するフィールドで、短いものも比較的長いものもあります。これは「恥」や「自己愛的な傷」により生じるもので、これを形成するのは1人ですが、共感などによって、どのように2人で共有されていくかがポイントになります。

　二つ目が、コンプレックスを解放するフィールドで、セラピストとクライエントの相互作用的な場ですが、これは、サールズ（Searles, H.）が「治療的共生」と呼んでいたもので、お互いがお互いに無意識的に自分を取り入れるように迫るものです。スーパーヴィジョンを受けているときなどに陥りやすいところですが、投影性同一視などが起こってくるところでもあります。このフィールドを起こすと、2人の交互作用から分析的な「第三のもの」が出てきます。これは、ユング派にとってはとても親しみのあるフィールドで、そこでは象徴形成がなされます。ユングはこれをオカルト現象の研究論文などから扱っており、それは、ユングが言う「統合的」立場から出てくるものです。しかし、このフィールドは安定したものではなく、分析家がそれを常に保つように気をつけておかないと出てこないものでもあります。

　この「第三のもの」から、全体を包む「第四のもの」が現れるフィール

ドになります。これは「集合的無意識」という概念に関係しており、精神分析では欠けているものでもあります。

　オグデンによると、この「第三のもの」は、分析家とアナリザンドの両方が無意識的につくり出しているもので、それ自身の生命をもっており、2人の間の相互的な場を形成しています。その「第三のもの」は、それぞれの分析家、アナリザンドの主体の間で弁証法的な緊張をもっており、それがそれぞれの主体をつくり出したり、否定したりしていきます。「第三のもの」というのは、お互いの関係なくしては存在しないもので、「意識」とは「無意識」なくしては存在しないものであり、それは無意識的な、非対称的な分析家とアナリザンドのつくり出したものです。

　このモデルは、とても美しいものですが、ここで欠けているのは、社会的、文化的な背景です。あたかも、この二つのものが交互作用によって「第三のもの」をつくり出すような感じになっています。ですから、「第三のもの」に、例えば、元型的な視点はないということになります。

　この「第三のもの」に関して、オグデンが強調しているのは、「reverie（夢想・もの思い）」ということです。これによって、ある種の注意が漂っていき、「第三のもの」にアクセスすることができます。このように「夢想」することによって、ある意味ではずっと初心者のままであるということですけれども、これによって自分の中に何が起こっているのかを観察するのです。

　その意味で、ユングの『赤の書』というのは、このオグデンが言っているような、「reverie」の一つの素晴らしい結果であると言えると思います。このような分析的な「第三のもの」の経験というのは、無意識的なファンタジー、不安、防衛などといったものを生み出します。それは、ある種、制限するような効果をもっており、我々の考えや感情といったものを制限しています。そのような意味で、これは決して理想化されたファンタジーではありません。ユング派的な言い方をすると、このような霊的な要素が分析的な財産となっていくプロセスを許していかなければならないということです。

分析家の事例から

　このオグデンの影響を受けているアントニーノ・フェーロ（Ferro, A.）というイタリア人の分析家の例を挙げたいと思います。彼はある女性のクライエントに会ったとき、情動的にとても混乱してしまい、いつもなら話をただ聴いているだけなのに、すごく思い切った解釈をしてしまいました。そうすると、この患者さんは次のセッションには来ず、後で言ったことによると、フェーロが住んでいるところが洪水だったので、家にいようと思い、その代わりに太極拳のコースに行ったのだと語ります。

　黙っていること（イタリア語で taci）ができず、すると彼女は次のセッションに来ず、太極をしていた。音のダジャレですが、これは非常に意味があることだと思います。ここで起こっていることは、フェーロの言葉が洪水のようになっていたのですが、実際、それは現実でも洪水になった。これは、ユング的に言うと、サイコイドの領域で起こっていることですが、フェーロはそのような理論はもっていませんでした。これは精神分析におけるフィールド理論に欠けているところだと思います。

　この後、フェーロは今の事例と二つ目の事例を関連付けることになります。この二つ目の事例と言うのは、同じ頃、ある男性患者がやせてどんどん細くなってきていたのですが、彼は肉屋さんが大きなナイフで牛を襲い、血を流すという夢を見た。患者にこの夢について連想することを聞いてみたところ、何日か前、セラピストが患者に対してとても鋭くなっているように思えて、それがとても痛かった、と語ったのです。このようにして、フェーロは、自分がどういうふうに戸惑っていたかということを、関係が繋いでくれて、自分が何も説明しなくても、それに相応しい態度を取ることができたんだというふうに言います。そこには限られたものでもない気分というのがあり、それが、分析家を通して伝わっているということです。

　次にもう一つ、私の例を挙げます。ある女性患者が、自分の父親が網膜の血栓症になって目が見えなくなったのに、それを無視して車を運転しようとしている、と訴えたというものです。これは、いったい何を意味しているのでしょうか。目が見えなくなったのはもちろん現実のことですが、それは同時に、彼女の内的な世界と、内的な対象としての父親について言

っていることです。つまり、目が見えないにもかかわらず車を運転しようとしている父親は、セラピストが盲目的になっているにもかかわらず、分析を続けようとしていることと関係しているのかもしれません。

　私はこの話を聴いていて、このような解釈を伝える代わりに、私は何を見つけられないのだろうかということを考え続けました。また、私がこうやって考え続けて解釈したものを伝えたところ、クライエントの方は、それについて作業をしており、それから何日か経ったときに、信じられないことですが、「父親の目は完全に回復して、彼が運転していてもまったく心配ではなくなった」と言ったのです。

　このようなことは、もちろん「場」の理論としてはあり得ることであり、ソーシャル・ニューロサイエンスでもこのようなことが考えられるようになっています。

　ご清聴ありがとうございました。

共時性と複雑系理論

　河合　一つお尋ねしたいのですが、先ほどの事例で、父親の目が見えなくなったことと分析状況を重ね合わせ、セラピストが自分は何が見えなくなっているのか、ということを考え、セラピストがそれが解けたと思ったら、実際に父親もなぜか血栓症が解消して目が見えるようになったということがありましたが、このことは、「共時性」からはどのように考えられるのでしょうか。

　ケンブレイ　「共時性」も、複雑系の理論で考えることができます。例えば、ユングがエジプト神話に関連する話をしているちょうどその時、コガネムシが窓をノックした、という有名な話がありますが、これも「場」の中で出てきたことが、窓の外のコガネムシとして現れたと考えることができます。

　だから、ある種の象徴的なものの負荷が強まっていくと、それが強まっていく中で、何らかの形で解放されるということがあるのではないかと思います。問題は、ユングがこれをきちんと理論化していなかったということで、これは心のエコロジーというモデルでも考えられますし、華厳教の

モデルが寄与することも大いにあるのではないかと思います。

　河合　もう一つ質問させてください。フェーロが一つ目の事例と二つ目の事例の両方の話を合わせると、何が起こっているのかがわかって、それに反応しているというこ

とがあったと思います。我々でも、突然何人ものクライエントが病気になったり、ある日、なぜか三つも四つもキャンセルが入っているということがあります。こうしたことも、「場」の理論で考えることができるのでしょうか。

　ケンブレイ　私にも、ある日、3人のクライエントが非常に似た夢を話す、ということがありました。それぞれの人にとっての意味、理解は違っていましたが、そこには何か通じ合うものがあると思います。

　これはネットワーク理論でも考えることができ、孤立している人もあれば、ネットワークをたくさんもっている人もいて、そのようないろいろな交互作用があるということです。

　このモデルでもそうですが、ネットワークとは目に見えないものです。我々は、普通はそのようなネットワークでつながっていて、そこから何かが現れ、それをユングは「セルフ」という言い方をしました。例えば、水（H_2O）の場合でも、相互作用があって、気化しているところもあり、本当の意味で、これがどこまで水なのかを正確に述べることはできないと思います。

　河合　それでは、時間ですので、これで終わらせていただきたいと思います。ありがとうございました。

付記：本稿は、2015年3月1日に連合会館（東京都千代田区）で行われた2014年度第4回日本ユング心理学研究所研修会の全体講演をまとめたものである。

ジョセフ・ケンブレイ（Joseph Cambray）
ユング派分析家。ボストン・ユング研究所に所属、ハーバード大学医学校などで教鞭を執り、現在、京都大学大学院教育学研究科客員教授。国際分析心理学会（IAAP: International Association for Analytical Psychology）元会長。著書に"Synchronicity: Nature and Psyche in an Interconnected Universe Analytical Psychology"など多数。

河合俊雄（かわい・としお）
1957年生まれ。京都大学大学院教育学研究科博士後期課程中退。Ph. D.（チューリッヒ大学）。ユング派分析家。臨床心理士。現在、京都大学こころの未来研究センター教授。専攻は臨床心理学。著書に『ユング――魂の現実性』『村上春樹の「物語」』『心理臨床の理論』『ユング派心理療法』（編著）『発達障害への心理療法的アプローチ』（編著）『思想家 河合隼雄』（共編著）『発達の非定型化と心理療法』（共編著）など。

私のユング心理学
心理療法と普遍性にたどりつくこと

川戸　圓

川戸分析プラクシス

ユング心理学で文化人類学などを学ぶ意味

個性と普遍性

　本日は、「私のユング心理学」というテーマでお話しさせていただきます。副題が「心理療法と普遍性にたどりつくこと」となっていますが、主題が「私のユング心理学」と非常に個人的なことをテーマにしていますので、副題の「普遍性」と矛盾しているように思われるかもしれません。ですが、「私のユング心理学」から私性がどれだけ排除されて、どこまで普遍的なものになるかについて、「私」が取り組んできたことのように思いますので、本日はそのことについてお話ししたいと思います。

　ここにお見えになっているのは、ユング心理学を学んでいる、あるいはユング心理学に関心をお持ちの方々だと思いますが、なぜユング派の心理療法を学ぶプロセスにおいて、文化人類学、宗教学、神話学、おとぎ話、説話、伝説、物語などといったものを学ばなければならないのか、考えたことはおありでしょうか。

　スイス・チューリッヒのユング心理学研究所でも中間試験で比較宗教学やおとぎ話、民俗学などのテストが行われ、私もなぜこのようなことを学ぶのかを問い続けていましたが、私自身は、普遍性と個性の関係性が重要であるということだと思っています。それは、心理学的な言葉で言い換え

れば、無意識と意識の関係性です。普遍性と個性、無意識と意識の関係性は、ユング心理学においては非常に重要なもので、「個」に対する普遍性を学ぶためには、やはり文化人類学、宗教学、神話学、物語、民俗学を学ばざるを得ないと感じています。例えば、神話学では昔からある神話やおとぎ話を扱いますが、それはこれらの底に流れるものは時代が変わっても変わらないものだと仮定することで、今の私たちの意識あるいは心理というものを理解する手立てにしているのです。

　クライエントさんにお会いしながらこれらの勉強をすることは、私にとっては多大な時間をとられることでもありましたが、心理療法でとても役に立っていることを、今さらながら感じています。そこで今日は「私のユング心理学」を育てる上で、これらがどのように役に立ってきたかについてお話ししたいと思います。

夢で時空を超える

　無意識は時空を超えると言いますが、時間と空間を超えるとは一体どのようなことなのでしょうか。宇宙に飛び立つことなども考えられますが、私は、毎晩、夢で容易に時空を超えているのではないかと考えています。

　ここで短い夢を一つご紹介します。これは40代の男性で、心身症的な問題で治療を受けておられる私の患者さんの夢です。この方は、それまではあまり夢を報告されず、夢を書いてくるようにお願いしても書いてこられなかったのですが、がんの転移が見つかり、「すごい夢を見た」と持って来られました。

「父の遺骨をもう一つの父の遺骨と混ぜ合わせるというお祭りというか儀式をしたいと祖母が言う。遺骨がどこからか届いて、その儀式をした。『夜でもいいので、新しい家に父の遺骨を置きたい』と祖母が僧侶に言う。『夜はやめましょう。山に行くのは、僕か弟が行きますから、明日にしましょう』と僕は祖母に言う。声がかすれ、足が重いと感じて目が覚める」。

　彼は、これは自分が死ぬことを表している夢ではないか、と言って持っ

て来られました。彼が現実に死ぬかどうかは別にして、死というものが彼の身近に寄ってきたことは事実だと思います。このような死者が登場する夢によって、彼は、父の死、祖母の死のことを思い出し、このセッションの中で、父の死の体験について「死に顔を見れば悲しいので涙は出るのだけれども、その涙はまわりの人から『長男は父親が死んでも涙一つ流さないのか』と思われたくないために流していた涙だった」と初めて語られました。また、「その時、父の遺骨を僕はどうしても見たいと思ったのだが、僧侶が小さな壺に入れていて、僧侶の前で壺を開けて見る勇気はなかった。しかし、夢の中ではどうしても見たいと思って、僕は涙を流していた。僕は、父があの時に本当に死んだのだということが、今はあの時よりもわかる」とおっしゃっていました。

　このような死者が出てくる夢は、皆さんも体験されることがあると思います。それは、本当にその死者が呼びに来たということもあるかもしれませんが、象徴的な死というものが近づいたとき、人間の無意識がこのような夢をセットして、そのことを私たちに教えてくれている気がします。まさに数十年をぱっと飛んでしまって、その時に死んだ人と一緒に過ごせるような、とても素晴らしい場を設定してくれるのが夢ではないかと思っています。

影の精神史をたどる

　私は、ユング心理学の意味は、キリスト教や科学技術の裏にある西洋の影の精神史を明らかにしたことにあると考えています。つまり、三位一体ではなく、女性性も入れた四位一体の宗教をつくり上げなければならないのではないか、という裏の宗教の歴史をユングは非常に重要視したのです。また、科学技術は錬金術に源がありますが、錬金術は単に物質と物質を混ぜて金を作り出すのではなく、物質と物質を混ぜるにあたって祈りを捧げ、物質を混ぜて出てくるものに対してある種の心の動きを見たり、心を練り合わせる鍛練を錬金術師たちがしていたことを見出しました。このように、西洋の表の精神史に裏打ちをするようにして、ユング心理学は成長してきたと考えられます。

このような裏の精神史に近づくために、民俗学、文化人類学、宗教学、神話学、物語論、文学、芸能、そして同時に、クライエントの語り、症状、夢、絵画などの表現を切り口として、ユング心理学が広がっていったことが、その流れを見るとよく表されています。

　ですから、単に患者さんの症状だけを見るのではなく、その患者さんの語り口の中に、人間の大きな歴史の流れの中での病の形が顕現しているのではないか、というふうに見ていこうとするのがユング心理学の真骨頂ではないかと考えています。

　ユングが成したように、私も日本人として日本の精神史を訪ねなければならない、そして同時にクライエントさんにも会っていかねばならない、というのが、私が日本に帰ってきたときの決意でした。そのために、日本における神話、宗教学、民俗学、おとぎ話、芸能、文化を訪ねる必要があるのではないかと考え、まず宗教学では空海を取り上げました。空海は「十住心論」という形で人間の心の発達段階論を考えています。それから、もう1人注目したのが、中世の世阿弥でした。世阿弥も能を習得するプロセスを九位という発達段階として述べており、この空海と世阿弥の2人の心に対する開け方は、臨床家が学ばねばならないことではないかと私は感じています。

無意識が賦活される

　先ほど、死ということについて少し触れましたが、「死者」が今日の話のキーワードになります。幽霊を見る話として、『遠野物語』の中に、妻を失った男が夜に外に出たときに、妻が結婚する前に好きだった人と2人で並んで去って行くのを見た、というものがありますし、赤坂憲雄先生が、東日本大震災後は幽霊を見る人がとても増えたことを報告してくれています。

　私自身は霊を見ない人間ですが、見ることがあり得ることはよくわかります。人の心が死に近づいて、向こうの世界が活性化されると、幽霊は現実世界の近くまで引き寄せられるのではないか、そして、現実に引き寄せられるということは、私たちの無意識の中で賦活されることではないかと

考えています。つまり、心理学的に言えば、現実と無意識の世界の交流が起こったときに、幽霊が出るのではないかと思うのです。

　私のような霊を見ない人間でも、夢には死者が出てきます。私はがんで死にかけたことがあるのですが、その時は夢に本当にたくさんの死者が出てきました。とりわけよく出たのは、幼い頃にずっと一緒にいた祖母です。その時にはもう亡くなって30年以上経っていましたが、夢に祖母が出て来て、「もう来るか。まだやめとき」と、私がそこに降りて行こうとすると、祖母がパタッと蓋をして、稲穂を投げて妨害しようとするのです。その稲穂にもいろいろな意味があるのでしょうが、私もちょっと早いのかな、などと思っているうちに、回復してしまいました。私たちの無意識というのは、このような死者がうごめいていて、祖母のような、私と個人的な関係のある人もいるし、空海や紫式部、世阿弥もいるのです。私たちは、個人として立っているようでいながら、ユング心理学的に考えると、私の中には何千年もの歴史があり、何千人もの死者がうごめいているのです。そこを賦活されることは、非常に重要なことだと思っています。

　また、非常に病態の悪いクライエントさんのお話を聞いていると、「私は母にいじめられていて、洗濯物を干していても、いつも母に怒られたのです。それで、昨日はタケノコを食べて、とてもおいしかったのですが、タケノコの季節ですね」と、さらりと言われます。「母にいじめられた」とおっしゃったけれども、それがいつのことなのかはまったくわからない。いつかわからない「時」と、タケノコを食べた「昨日」が「それで」という言葉だけですらりとつながっている。このように、時が循環していて、無意識が意識にするりと出てくるような話ぶりをなさる方がよくあります。

　その時に「それはいつのことですか」と聞くのかどうかはとても重要なことで、私はなるべく聞かないようにします。それは、無意識が賦活していて、今、直線的ではない時をこの方が私の前で経験しているのだなと思うからです。

　この後、能についての話をしますが、その時、クライエントさんはシテで、私はワキになるのです。ワキの前でシテは舞います。「何年前の話なのか」という直線的な視点を入れず、私はただシテ（クライエント）の舞を見て、

語りを味わう形で、シテ（クライエント）のすべてを知っていこうとします。

芸能としての能楽

能の起源

　私はとりわけ世阿弥に着目しましたが、まずは芸能としての能楽をユング心理学者として学び、それを心理療法に生かしてきたことについてお話ししたいと思います。

　能楽の成立過程を見るには、『能楽源流考』が最高の著書です。著者は能勢朝次という先生で、初版が1938年という大変古い本ですが、能楽の源流を探った最高峰だと思います。

　まず日本の中世は、鎌倉幕府や室町幕府のあたりである、と頭に置いておいてください。日本の中世においては、仏教と芸能は分かちがたく結びついており、鎌倉時代になると、平安時代にはなかった仏教の宗派が数多く出て来ました。ですから、鎌倉時代は仏教が非常に栄えた時代であると言えます。それでもまだ鎌倉時代には、仏教は貴族・武士のもので、室町時代になってどんどん下々にまで広がり、仏教と芸能が結びつくようになります。

　梅原猛先生は私が興味を持ったことにすでに興味を持っておられるという、私にとって非常に不思議な人ですが、この梅原先生が「能は宗教劇であり、救済劇であり、鎮魂劇であり、プラス・アルファ心理劇である」という面白い言い方をしておられます。つまり、能は向こうの世界、死者の世界と関わるための構造を提供しているということです。能という芸能は、神すなわち死者への捧げ物であると同時に、死者の世界、あちらの世界と濃厚な交流をするためのある種の構造を提供しているということです。

　死者の世界は夢幻の生の世界でもあって、私という人間が個として在る

のはここだけ、と言いますが、も
っと広げて、死んだ人も全部私で
ある、とひっくるめて理解しよう
とするのがユング心理学の基本的
な考えであると私は思っています。
能楽はそのように広げて理解する
ための一つの良い手段になるとい
うことです。

　能の前身は猿楽（申楽）です。世阿弥自身も『風姿花伝』の「神儀篇」
で能の歴史について、天照大神が岩屋に籠もって真っ暗になったときに、
アメノウズメが踊り舞ったのが能の起源であると述べています。つまり、
向こうの世界との交流を持つために歌い踊ったところから出発していると
いうことです。しかし、世阿弥自身は『風姿花伝』で、神代ではアメノウ
ズメだが、現実においては、猿楽は秦　河勝を祖としていると明確に述べ
ており、これは現代の多くの研究者も認めていることです。

　秦河勝とは聖徳太子の臣下の１人ですが、いろいろな伝説があり、河勝
がうつぼ船に乗って坂越に流れ着き、大荒大明神という怨霊になったとい
う怨霊思想の原点になっていたり、うつぼ船に乗って流されたことから、
秦河勝とヒルコを同一視して論文を書いておられる方もあるなど、非常に
面白い人物です。

　その河勝から猿楽が始まり、それが引き継がれて能楽に発展してきたと
いうことになりますが、その引き継がれたものの一つが、春日若宮おん祭
に見られる猿楽です。

春日若宮おん祭

　春日若宮おん祭とは、毎年12月15日から18日に行われる春日大社の摂社
である若宮社の祭祀で、若宮様を本殿から御旅所に移す儀式が17日の深夜
12時に始まります。若宮様は真っ暗な中を移されるのですが、その様子を
見たい人は夜８時から場所取りをして待つことになります。12月ですから
とても寒くて、カイロを持ってきたり、みんないろいろな工夫をしながら

待っているのですが、この祭りを民俗学的にどのように研究しているのかとか、北海道にもこれに似たお祭りがあるとか、とても面白いお話が聞けるというお祭りでもあります。みなさんも関心があれば行ってみてください。

　この若宮様とは、平安時代の1003年に出現した神様で、春日野にご神殿を構えて1136年に祭礼をしたのが春日若宮おん祭の始まりだとされ、これは平安時代の記録に残っています。

　祭祀の行われる24時間、若宮様は御旅所においでになるのですが、これはつまり、神様が遊びに出かけられるということです。いつもじっと社殿にいらっしゃると、面白いこともないだろうから、土を盛って舞台をつくり、若宮様がしばらくご滞在なされる仮の場所もつくって、そこに若宮様を神官すべてでお運びする。そして、いろいろとおもてなしをして、24時間そこにいらっしゃった後、また本殿にお帰りになるという儀式です。それは、いわば魂の賦活で、若宮様の魂が死んでしまわないように、生き生きさせるという儀式でもあります。

　御旅所の前にしつらえられた舞台で猿楽や舞楽が奉納されますが、その前にも、春日大社の一の鳥居でも猿楽が演じられ、これは金春流がすべて引き受け、他の流派は参入しません。

　ここまでのお話は、能に詳しくない方には、少しわかりにくいと思うのですが、皆さんが関心を持ったことについて、歴史をずっと探っていくことは、個人の無意識を探っていくことに等しい作業なのだということを感じ取っていただければ十分です。

　クライエントさんがうつで来られたときに、その方の奥底に潜んでいるある種のものをどのように賦活して、生き生きしてもらうのか。薬の助けを使うこともあるでしょうし、いろいろなことをしながらも、大きなところでは、おん祭で行われている神様への賦活作用と同じことを私たちはやっているのではないかという発想も、ユング心理学者としては非常に面白いのではないかと思います。

心理劇としての能

　それでは、ここからは世阿弥についてお話ししていきます。世阿弥の60代はとても大事な時代で、『井筒』『鵺(ぬえ)』を創っていく時期です。この時の世阿弥は、単なる怨霊や地獄の鬼ではなく、自らの芸能者としてのアイデンティティの根源に触れる鬼の能をつくりたいと述べて『鵺』をつくったのですが、これだけしか書かれていないので、どのようなことなのかがわかりません。世阿弥は「鬼」について、神の裏の存在であるという捉え方をしています。そして、芸能集団とは、正当な政治を行う貴族の世界とは異なり、村において心を充実させる働きをする集団であるという自負も築き、芸能集団とは、宗教性に関わり、現世的な国家を超えた存在であり、国家に所属しない存在者集団であるとも述べています。先ほども触れたように、梅原先生は、能とは、宗教劇であり、救済劇であり、鎮魂劇であり、プラス・アルファ心理劇であると述べていますが、では、心理劇とは一体何でしょうか。それは、神に奉納するだけでもなく、救済劇のように救いを与えるだけでもなく、鎮魂劇のように魂鎮めをするだけではありません。そのようなことを目的としないのです。ここが面白いのですが、「どのようなものであるか」をきちんと見分け、事実認識を行うことが心理劇になるのです。

　私は、人間の心というのは本当に進歩しないな、と思いますし、世阿弥の方がもっと早くに、中世においてすでに心というものを見抜いていたのではないかと感心することも数多く出てきます。

非対称を対称性の世界に持ち込む

　世阿弥の歴史的意味について、あの世（死者の世界）とこの世（生者の世界）の非対称を対称性の世界に持ち込んだことに大きな意味がある、とこれは特に中沢新一先生が述べておられ、中沢先生だけではなく、多くの学者もそのように対称性の視点から捉えておられます。非対称とは、死者の世界と生者の世界が、きちんと二つに分かれていて、行き来することがあり得ないということです。

　世阿弥の成したことの意味は、非対称であった二つの世界を「複式夢幻

能」という形式で明確に存在させて、行き来可能な対称の世界に持ち込み、将軍を初めとする多くの人に、それが見える形にしたことにあります。これは非常に大きな仕事だと思います。これによって、私たちは死者と生者の世界が遠くないことを感じることができますし、能を観て涙を流し、心を動かすということは、死者の世界と生者の世界の対称性に惹かれたということになると思います。

このように二つに分ける、分類する、ということは、近代文明でどんどん起こり、このように分類することで診断学が成り立っていきました。しかし、私としては「その狭間にいる人はどうしたらいいのか」と非常に困ることもあるわけです。中沢先生などは、分類することは近代文化における人間の衝動なので致し方ないが、常に対称の世界へと開かれる心を持つことが重要だと述べておられます。

分類によって頭が整理でき、多くのものを私たちは理解してきましたが、診断における分類とは、クライエントについてよりわかるためのものであったはずです。となると、クライエントの事情に即して非対称のものをつくり上げた上で、この非対称をどのように対称性に持ち込めるのかを考える人がいなければ、大きな問題になります。

そのことを、怨霊思想で、地獄の鬼は怖いなどとあちらの世界のものを怖がっていた時代に、「私たちはこちらの世界にいるけれど、私たちはあちらにも行きますし、こちらにも行きますし、あちらとこちらは対称のものですよ」と、対称性を理解することから、宗教、神、セルフの理解が始まることを、世阿弥は芸能を通して述べてくれたわけです。

世阿弥の生涯

世阿弥の出世

ここで、ご存じの方も多いかもしれませんが、世阿弥の成したことが、

私たちユング心理学にどのように生きるのかを振り返るためにも、世阿弥の生涯をたどってみたいと思います。

世阿弥は1363年に生まれ、没年ははっきりしませんが、多くの研究者によって1443年ごろに没したと考えられています。観阿弥の長男として出生し、幼名は鬼夜叉です。観阿弥は結崎座（ゆうざき）という奈良の小さな座を構えていましたが、寺から依頼があれば舞に行き、少しのお布施をもらっていた貧しい小さな集団でした。

しかし、寺の依頼による収入だけでは支えられないため、小さな芸能集団の多くの男の子は、お寺さんに稚児として出ていました。稚児として出るとは、悪い言葉で言えば、僧侶の性欲のはけ口として使われるということでしたから、特に可愛い稚児は、多くの寺社から引く手あまたでした。このような幼い５〜７歳ぐらいの子どもたちが稚児として出て、昼はお掃除をし、夜は僧侶の慰み者にされ、お金をもらって帰ってくることで、結崎座も成り立っていたのです。世阿弥もそのような稚児の１人でした。昔の稚児は、そのような役目を担っていたことを覚えておいてください。

そして1374年、世阿弥が12歳の時、今熊野において、観阿弥一座は将軍義満から声をかけられて演能をし、義満に認められます。この「認められる」というのは非常に複雑で、世阿弥が可愛い男の子として認められたということでもあります。また当時、世阿弥の能の舞は極めて美しかったようです。そして、まだ12歳だった世阿弥に義満が惚れ込み、そばに置いておくことになり、ここから世阿弥は出世街道を走ることになるのです。

また、この頃はまだ貴族も権力を握っていた時代ですから、関白である二条良基にも舞を見せており、「あの鬼夜叉にどうしても会いたい」という良基から義満への手紙が残っており、それを受け、世阿弥は良基のところに回されることになりました。そして良基からは「藤若」という名前を与えられ、しばらくその名を名乗ります。後の世阿弥という名前も将軍から贈られたものです。このように芸能集団は、名前という自分のアイデンティティですら与えられなければならなかったのです。

さらに数年後、貴族が集まり、習字、お茶、お香、連歌といった様々な芸事が行われる祇園会があり、義満はそこに16、17歳の非常に美しい青年

だった世阿弥を連れて行きます。義満が一時も離そうとしなかったようです。「あんな芸能集団の下賤者をおそばに寄せるなんて」という貴族による抗議の手紙も残っています。

そして、この会の連歌で世阿弥は天才的な能力を示し、天才少年としてもてはやされ、能楽者としての地位を築いていくことになります。当時の貴族が習得しておくべき『万葉集』『古今和歌集』『新古今和歌集』を世阿弥はほぼ独学で勉強していたのです。

不遇の時代をチャンスに

ところが、1384年、世阿弥が22歳の時に観阿弥が死去し、観世座を継がなければならなくなり、世阿弥は観世三郎元清と名乗ることになりました。22歳になっていた世阿弥には、もう少年の美しさはありません。そして座を率いていく一人前の男にならなければなりません。この頃から義満の世阿弥への関心は一気に引いていき、世阿弥より3、4歳若い犬王という別の座の役者を寵愛するようになりました。犬王に田楽を演じさせ、道阿弥と名づけ、彼の人気はどんどん高まっていき、世阿弥はそれまでのナンバー・ワンの地位から、ナンバー・ツーへと落ちていくことになりました。以降、義満からの寵愛を失ったことで演じる機会も一気に減ったのか、世阿弥は記録にほとんど出てこなくなります。

ここからが面白いのですが、父親も亡くなって、義満の寵愛も失って、ナンバー・ツーへ落ちていかざるを得なくなったら、普通はふて腐れませんか。ところが世阿弥は、それは当然のことだと思っていたようです。それを機に自分がなぜ能楽を演じ、そこにはどのような意味があるのか、後世に能を舞う人たちにその真髄を伝えるために、あの有名な『風姿花伝』を書くのです。『風姿花伝』は全部で7編ありますが、そのうちの3編がこの不遇の時代に書かれたものです。これが世阿弥のすごいところで、この不遇な時代を、世阿弥は歴史に名前を残すチャンスとして使ったのです。そして、1406年頃に『風姿花伝』が完成します。この頃は、いわば干されている状態でしたが、そのような中でも、今自分が成すべきことは何であるかを世阿弥はきちんとつかんでいたのだと思います。

1408年に義満が没し、義持が将軍になると、義満の没後は道阿弥も歴史には出てこなくなります。しかし、世阿弥だけは消えませんでした。能は、語り、舞えば消えていくものですが、それについて書き残し、より明確にしていく仕事をしたのです。そして50歳頃には禅に関心を持ち、これ以後、世阿弥の著書には禅の言葉が出てくるようになります。

世阿弥が60代で成したこと

　1422年に60歳になり、世阿弥は出家します。出家とは、この世との直接的な関係を持たずに少し距離を置き、対称性を保ちながらも、心理学的にあちらもこちらもきちんと見る、ということです。この60歳頃に、不遇の時代を経た後の作品として『井筒』という複式夢幻能の頂点とされる作品ができます。

　1424年には『花鏡』が成っており、この著作では「動十分心、動七分身」という言葉で、はっきりと「心」を前面に出しています。「心を十分に動かしなさい。しかし、動かない身体をきちんと持ちなさい」ということです。河合隼雄先生が「能で寝てしまって、また目を開けてもまだ同じことをしていた」と冗談をおっしゃっていましたが、能が心を動かす芸能であって、体を動かす芸能ではないことを世阿弥が『花鏡』で述べています。この『花鏡』の最後に、「見て美しい花ではなく、心に咲いている花を求めるのが能である」と述べています。これは自分のことを重ねて言っていると思うのですが、きちんと心の修行を行っているということです。ユングが錬金術を心の作業と見抜いたように、世阿弥も能そのものが心の作業であることを見抜いていたのです。

　将軍義持が亡くなり、次の将軍が狂気の将軍と言われる義教になると、義教の贔屓は、世阿弥が一度は養子にした世阿弥の甥の元重（音阿弥）になります。そして、世阿弥が築いてきた能のノウハウすべてを音阿弥に渡せと命じられますが、世阿弥はどうやら渡さなかったようです。そこで、義教は、世阿弥に対して御所における演能を全面禁止としました。御所で能を演じることは、座を支える経済的基盤でしたから、これを禁止されるのは大変なことで、また不遇の時代がやって来ます。

その後、世阿弥父子が将軍邸でやっと演能できるようになった頃に、世阿弥の実子である元雅が急死してしまいます。元雅は才能があった人のようで、早くに『隅田川』などの能をたくさん書いていますし、観世座の大事な跡取りとみなされていました。当時は北朝と南朝が対立しており、元雅は南朝に加担したために殺されたのではないか、と考える研究者が多いようです。この元雅の死に世阿弥は慟哭し、『夢跡一紙』を残します。そして、元雅が亡くなったことで、義教が望むとおりに、元重（音阿弥）が観世座の太夫になりました。
　晩年の世阿弥は、1434年の72歳の時に義教によって佐渡へ流されます。しかし、ここでも世阿弥は74歳で『金島書』を書いており、これは世阿弥が佐渡へ向かう船旅の途中で、見聞した伝説などを能に仕立てたものです。すごい人ですね。世阿弥が種を蒔いたことが実り、今でも佐渡は能が盛んで、いくつか能舞台があります。そして1441年には義教が死去し、佐渡から都へ戻ってきたようですが、戻ってきてすぐに世阿弥もこの世を去りました。これが世阿弥の人生ですが、ユング心理学的な切り口で見ると、世阿弥の人生はきちんとした個性化のプロセスをたどっていることがおわかりいただけると思います。

能の基礎知識

能舞台について

　ここで、能を観たことがない、あるいは能についての知識があまりない方のために、能舞台についてお話ししたいと思います。図1をご覧ください。
　能の舞台は一辺約6メートル弱の正方形になっており、三間四方と言われます。角の4本の柱で支えられており、風景構成法のように、枠がきちんと決まっています。上には屋根がついていますが、これは外で演じられ

ていたときの名残です。

そして、12〜13メートルの橋掛かりがあり、幅は、2人の役者が装束を着けた姿ですれ違える程度になっています。ここには3本の松があり、シテやワキなど大体の役者はここか

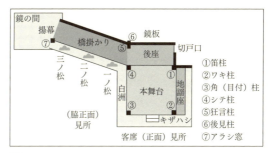

図1

ら出てくることになります。ちなみに、地謡や囃子方、後見人は切戸口から出てくることになります。橋掛かりの奥には鏡の間があります。

舞台の後ろの鏡板には必ず松が描かれていますが、この松は、「影向の松」という名前で、春日大社の一の鳥居のそばにあった松がルーツとなっています。この松に春日大明神が降臨して『万歳楽』を舞ったとされており、つまり、この松は、向こうの世界の神が宿って現実世界に来る通路としての松、すなわち神木なのです。

舞台の向かって右側に地謡が8人ぐらい並ぶ地謡座があり、笛、小鼓、大鼓、太鼓の4人の囃子方が舞台の後方にいます。そして向かって左の一番隅に、着物が乱れたときに直す黒子の役割を担う後見人が座ります。

4本の柱のうち、シテが立つことが多い柱を「シテ柱」と言います。そして、舞台で死者の霊や神を演じるときは必ず仮面をつけますが、仮面をつけると、下はほぼ見えませんから、舞台の大きさを知る目印となる「目付柱」があり、ワキが座るところを「ワキ柱」、笛方が座るところを「笛柱」と言います。

箱庭でも枠の中で表現できることに意味がありますが、能でもこのように四つの定点で囲まれた三間四方の中で演じられることになります。先ほども述べましたように、体は十分に動かさなくてもいい、心を十分に動かす場ですから、そんなに広くする必要はないのです。

現在能と夢幻能

能には、「単式能」「複式能」があり、さらにそれぞれの中に「現在能」と「夢幻能」があり、複式能の中の夢幻能を「複式夢幻能」と言います。ですから、他には「単式現在能」「単式夢幻能」「複式現在能」もあります。これらの中でも、世阿弥が心の表現系として非常に重要視したのが、複式夢幻能です。

「現在能」と「夢幻能」についての詳細は端折りますが、「現在能」とは、現実界の人間を扱うものです。例えば、元雅の『隅田川』はある母親が子どもを人さらいに取られ、関西から隅田川まで訪ね、「我が子はどこに」と尋ねると、案内していた人が「これが、あんたの子どもの墓だよ」と言って、母が発狂するという話なのですが、これが現在能にあたります。

この『隅田川』について補足しておくと、能では、発狂を演じるときは必ず笹の葉を持つこと、などのルールがきちんと決まっており、この母親も笹を持って歩き回って発狂していることを表します。また、『隅田川』では作りもののお墓が置かれ、そこから小さい子どもがふっと出て来て、母と再会しようとするのですが、子どもはもう死んでいるので、母が抱こうとしても抱けないという演出を元雅は好みました。世阿弥はこれに対して、子役者は出さず、ただそこに塚を置けばいい、心の中の子どもを抱けと言ったのですが、元雅は、観客により分かりやすくするために、霊としての子どもを白い服を着せて走らせる演出をしており、現代でもこちらの演出がとられるようです。私自身は世阿弥の言ったように、子役は出さない方がよいと思っています。

そして「夢幻能」とは死者の霊が現れるもので、間違いやすいのですが、この「夢幻能」という言葉は世阿弥がつくった言葉ではありません。このような言葉を用いて分類を初めてきちんと行ったのは1925年になってからで、佐成謙太郎先生によるものです。そしてここが重要なのですが、シテがワキの夢に出てくるのが「夢幻能」です。ワキがワキ柱で寝て、そのワキの夢の場面をこの三間四方の舞台でシテが演じます。つまりワキの夢の中に出てくる人物がシテである、という構造をとるのが「夢幻能」なのです。

能の演目分類

　能は、昔はすべて『翁』で始まり、その後、初番目物、二番目物、三番目物、四番目物、五番目物と一日中演じられていました。そして、初番目物には、例えば『高砂』がありますが、神様が登場します。五番目物では『鵺』などのように鬼が出てきます。その間にある二番目物は「修羅物」で『敦盛』などの殺された武士の話、三番目物は『井筒』で在原業平の妻が出てくるように、女性が登場します。四番目物はそれ以外のもので、例えば『隅田川』のような狂女物があります。このように、二番目物、三番目物、四番目物は人間界のことが演じられるようです。

　そして「能にして能にあらず」とも形容され、能の空間を確立するものとして、初番目物より先に演じられる『翁』があります。『翁』では、まず後見人が火を起こす動作をして、それから、面箱持（めんばこもち）が登場して、舞台の上で面を着けます。登場人物は、翁と千歳（せんざい）と三番叟（さんばそう）ですが、翁の舞は踏み締めるような舞で、これから演じられる能の舞台を踏み固めてつくる作業を行います。つまり、心理療法で箱庭や風景構成法をセットするようなものです。ですから『翁』は、本当は抜いてはならないのですが、現代の演能では省いてしまいますので、良くないことだと私は思っています。1月に大槻能楽堂でも国立能楽堂でも『翁』を演じていますので、もしご関心があれば観に行ってみてください。

複式夢幻能

　「複式夢幻能」の「複式能」は、「二つに切りたる能はやりやすし」と世阿弥は述べていますが、前場（まえば）と後場（のちば）の二つの場面から成る構造になっています。前場と後場の間には、中入りがあり、間狂言（あい）が挟まれます。この中入りの時、ワキは舞台にいますが、シテは一度引くことがあり、前半の前場に出てくるシテを前シテ、後場に出てくるシテを後シテといいます。

　前シテは、霊が里の女などの普通の人に扮装して出てきているものです。そして、後シテは、本物の霊が夢の中に出てきてワキと語り合い、自分の過去を舞で語ります。ワキは本当は寝ていますが、舞台は夢の中ということになっていますから、夢の登場人物と対話をする形になります。

能『井筒』で最初に出てくるのはワキで、「是は諸国一見の僧にて候。我この程は南都七堂に参りて候。又これより初瀬に参らばやと思ひ候」などと「私はこういう者です」と名乗るので、これを「名乗り」と言います。諸国一見の僧とは特定の宗派に属さない、国家に支配されない漂泊の僧侶です。『井筒』では初瀬への旅人で、在原寺で何があって、在原業平が何をし、その妻の紀有常の娘が何をしたのか、という昔のことをすべて知っている僧侶がワキとして出てきます。

次に、ワキは業平と紀有常の娘を弔って、ワキ柱のところにワキ特有の座り方で座ります。そこに前シテが登場してきます。在原寺の近辺の里に住む女の姿ですが、在原業平の妻の霊で、「暁ごとの閼伽の水。月もこころ澄ますらん（毎日暁には必ず業平のお墓にお水をかけにやって来ます。そして、その水に月が映って澄んでいるように、私の心も澄んでいきます）」と謡い舞います。

その時はワキがまだ起きていますから、「あなたは一体何者なのか。なぜ業平のお墓にお水をやるのか」と尋ね、対話をするうちに、その女が霊であることがわかってきます。そして地謡が出てきて、ひょっとして紀有常の娘ではないのか、ということを地謡が謡い、前シテは悟られてしまった、ということで、舞台に置いてある作り物の井戸の陰に姿を消していきます。姿を消すと言っても、橋掛かりを通って鏡の間にシテが引っ込んでしまうということなのですが、それを「中入り」と言います。

この中入り後が面白いのです。前シテもいなくなり、後シテが登場するのを待つときにワキが謡う謡を「待謡」と言います。『井筒』の待謡は「更けゆくや。在原寺の夜の月。在原寺の夜の月。昔を返す衣手に。夢待ち添えて仮枕。苔の筵に伏しにけり。苔の筵に伏しにけり」とお寺のそばで寝ながら夢を見ようと待っています。この時、心待ちにして待っている形で謡わなければならないと世阿弥は述べています。そうしないと夢は出てこないということですから、夢を見るときは夢を見る態度をとる、ということですね。待謡は、現実的にはシテが前シテから後シテに装束を変えるための、次の場面へとつなげるための橋渡しですが、ここで舞台を夢にした点が、世阿弥の真骨頂と言えると思います。

ワキが待謡を謡い、観客を夢の世界を引き入れ、死者が出てくるのを待つところに持っていかなければなりません。そして、舞台そのものが夢の中に変容していく、つまり、そこにイマジネーションの場をつくるわけですから、舞台には本当は何もいらないのです。そして、後シテが登場し、業平のことを語って舞うのですが、この終わりがまた面白いのです。先日亡くなってしまわれましたが、宝生閑さんのワキは本当に素晴らしく、私が今まで観た中で最高のワキでした。終わりは「寺の鐘もほのぼのと。明くれば古寺の松風や芭蕉葉の夢も。破れて覚めにけり。夢は破れ明けにけり」と夢から覚めて、在原寺に戻ったことをワキでもシテでもなく地謡が宣告します。後シテは舞台からただ静かにすーっと消えていきます。そして、夢から覚めて、荒廃した在原寺の光の中で、呆然としているワキの諸国一見の僧も、シテが消えたら静かに立ち去って、舞台は終わります。幕も降りることはなく、すべてが想像力でこの舞台は構成されているのです。

おわりに

河合隼雄先生は能に興味を持っておられました。2005年9月発行の『文化庁月報』には「ワキがいるからシテが出られる」というタイトルで、宝生閑さん（ワキ方）との対談が掲載されています。そこで河合先生は能の魅力について次のように語っておられます。「（能の魅力は）まったく違う時間・空間に入っていくことですね。異質の空間に行きますから。普通に起きててやっている意識とは変わっていくわけですね」と。そしてシテとワキの関係が、クライエントとセラピストの関係に似ていることを指摘して、次のように言っておられます。「私の本職は人の悩みを聞くことなんですが、あれはワキとそっくりなんです。ただ座っているだけですから。怒ったり泣いたりわめいたりするのは、シテがやっているわけです」と。続いて昨今の問題として、「世の中はワキをする人が少なくなったんじゃないですか。ワキをする人が増えると落ち着くんだけど、シテばかりやから。……学校の先生でも、僕らでもほんとはワキなんです。ところが先生がシテになるでしょう」と、シテとワキの関係になぞらえて、ワキになりきるセラピストの重要性を論じておられます。鋭い指摘だと思います。こ

のように、芸能を深く知ることから、臨床のあり様もまたより深く見えてくるのではないかと思います。だからこそ、私たちユング心理学をやるものは、文化人類学・民俗学・宗教学・神話学、さらには物語・芸能から普遍性を学ぶ必要があるのではないでしょうか。

　ご静聴、ありがとうございました。

付記：本稿は、2016年3月6日に京都テルサ（京都市南区）で行われた2015年度第5回日本ユング心理学研究所研修会の全体講演をまとめたものである。

川戸　圓（かわと・まどか）
大阪府立大学名誉教授。日本ユング心理学会（JAJP）設立時理事長。ユング派分析家。分析心理学とその象徴論を基礎にした箱庭療法やロールシャッハ・テストを専門とする。心理療法をベースにユング心理学と密教思想の類似性、妄想と文化の関連性などの研究を行っている。著書に『心理療法とイニシエーション』『花の命・人の命』（いずれも共著）、訳書に『女性の誕生』『ヴィジョン・セミナー』（いずれも共訳）などがある。

論　文

研究論文

宮沢賢治の『文語詩稿五十篇』
定型をめぐって

奥田智香子

渡辺カウンセリングルーム

1 『文語詩稿五十篇』

(1) 『文語詩稿五十篇』とは

　本論では、宮沢賢治（1896-1933）作『文語詩稿五十篇』について、定型に焦点を当て、分析心理学の視点から考察を試みる。

　1926年、30歳の賢治は農学校教師を辞し、羅須地人協会を設立、農業による自活とともに文化・芸術・科学を農民に広げる活動に着手した。旺盛な活動を経て、1928年、肺の病にて活動は頓挫し、賢治は病臥した。いったん病が回復した1930年頃から、賢治はこれまでに書いた作品に推敲を加え、文語詩化をし始める。しかし東北砕石工場の技師としての旺盛な活動を経て、1931年再び病臥した。その後、1933年8月に『文語詩稿五十篇』の清書をやり遂げ、9月に37歳の生涯を閉じた。

　『文語詩稿五十篇』は、死の間際の病床における猛烈な作業であったことに加え、賢治が「なっても（何もかも）駄目でも、これがあるもや」と妹に語り相当の自負をもっていたことからも、本作品は宮沢賢治の理解において重要である。しかし、文語詩は口語詩や童話に比べて注目されることが少なかった。理由は様々あるが、何よりも基本的に賢治が「双四聯」[注1]と呼ぶ定型詩であるがゆえに、字数の圧縮が極端に進み、一読しても正確

に理解するのが難しいことが挙げられる。何故賢治は定型詩に取り組んだのだろうか。病気によるエネルギー低下ゆえに長編に取り組めず、定型詩という短いものになったという見方もあろう。賢治の文語定型詩を、中村（1994）は、音数律と定型の枠の中で自らを縛りつけており、詩精神が衰弱している「病床における手すさみ」と評している。しかし、筆者は心理学的な意味で、賢治が定型を採用したことに積極的な意義があると考える。

賢治が、創作において制限のもたらす効果があると考えていたことが、賢治の書いた小論『浮世絵版画の話』を参照すると垣間見える。賢治は高農研究生時代より浮世絵の熱心な鑑賞・収集者であった。この小論において賢治は、浮世絵は、版画ゆえの木彫りの線や単純な色彩という制約をあらかじめ念頭に置いて創作されたもので、結果、版画でなければ出せぬ効果がもたらされ、単に安価な模写ではないと主張している。そして版画という制約がもたらす効果として次の五点を挙げている。一点目「純潔」とは、絵の題材の心理的昇華が行われるために生じるものであり、二点目「諧律性」とは、詩や音楽における韻律の感じであり、三点目「神秘性」とは、表現が約されているため鑑賞者のその時々の想像に補われる余地が残されていることであり、四点目「工芸的美性」とは、紙や木という材質の特性が生かされることであり、五点目「ぜい沢品であるといふ感じのないこと」とは、版画が大量に刷られることによって、大衆が手に取ることが可能となったということである。もちろん、浮世絵と詩は別ものであり、この五点を目論んで賢治が文語定型詩を創作したとは言えない。ただ、創作にあたり制約によって生じる効果を積極的に捉え、鑑賞者にどのように受け取られるかという点に意識があった人物であるとは言えよう。[注3]

(2) 賢治の創作活動における定型

①心象スケッチ

賢治の創作活動において、何故晩年に定型を採用したかを考えるにあたり、賢治の創作活動の形式の変遷を概観する。賢治は中学生の頃から短歌を創作し始めた。次第に短歌をいくつも連ねるようになり、やがて自由口

語詩や童話の創作へ向かい、定型は用いられなくなっていった。賢治はこころに浮かぶ現象をそのままに描く「心象スケッチ」という方法をとり、定型は窮屈になっていったからだと考えられる。なぜこころに浮かぶ現象をそのままに描くことにこだわったのか。

　その理由の一つに法華経への信仰があると考えられる。賢治の生家は200年続く真宗門徒であり、賢治は4歳にして「正信偈」の暗誦をするほどの環境で幼少期を送った。真宗信仰は、極楽浄土への往生を説くが、それが無常観と重なると現実世界を厭離する傾向が出てくる[注4]。賢治は18歳の時、『漢和対照　妙法蓮華経』（島地大等著）に出会う。そこで妙法蓮華教（一切の現象がそのまま法華経の説く真実在であると見る思想）と天台本覚[注5]（「娑婆即寂光」という肯定的世界観で、真宗の浄土と穢土の断絶という世界観を根底から覆す思想）に出会う。こうした世界観は、質屋を生業にし、弱者の現実を知り嘆きつつも諦観する父に対する反発をもっていた賢治にとって、「太陽昇る」と記す（宮沢, 1991）ほどの感動を与えた。賢治が執筆に熱心に取り組んだのも、自分の見たままこの世に生起することがらを描くことによって、法華経的世界の真実在を描きだそうとしてのことであったと考えられる。

②構造の成立
　賢治が科学者としての合理的側面も発達させている一方で、鉱物や動植物を含む出会う対象との神秘的融即ともいえる関係を築きやすい素質をもつことについては、研究者が指摘している（見田, 1984）。神秘的融即（participation mystique）とは、Levy-Bruhlの概念をJung（1967/1987）が用いたもので、主体が自らを客体と明確に区別できず、部分的同一性とでも呼べるような直接的な関係によって客体と結びついていることである。河合（2009）は、自然現象が古代の人に記述される際に、なぜ空想的な話や神話によって記述されたかを問題にし、例えば、朝昇る太陽が黄金の四輪馬車に乗る神として述べられるのは、昇る太陽が人のこころ内部に引き起こす動きと不可分であるから神として体験されるのであり、こうした主体と客体の不可思議な一体化（神秘的融即）が生じ、この体験を基礎づける

のが空想的な話や神話であるという。賢治にとっても、自分の見たままこの世に生起することがらを描く心象スケッチとは、単に自分を客体と分離し、観察したものを描くことではなく、神秘的融即の中でこころに起こる体験を含めて描くことだったのではないか。しかし吉本（2012）がそれを「山に入った人が体験する白昼夢の世界」となぞらえているように、賢治の初期作品には、自他未分化な無意識的な世界が突如として現れる危うさがあり、賢治の意識がしっかりとその内容を作品中に定位しているとは言いがたいところがある。筆者は前論（奥田, 2015）にて、『小岩井農場』から『銀河鉄道の夜』までの執筆過程を追い、賢治にとって、自他未分化な世界把握の仕方から生じる幻想的な世界が、彼の合理的機能と相まって作品に定位されてゆく過程を示した。『銀河鉄道の夜』推敲過程において、第1～3次稿では、ブルカニロ博士という人物が主人公を幻想的な理想追求の旅へ誘い、旅を持続させる役割を担っており、物語はこの旅のみで成立していたが、1931年頃に書かれた『銀河鉄道の夜』第4次稿においては、ブルカニロ博士は存在を消し、同時に主人公の日常生活を旅の前後にしっかりと描くという物語の構造が生じており、この変化によって主人公の幻想的世界が物語の中に定位されることに飛躍的に成功した。

③慢への反省

　文語定型詩への取り組みはこの飛躍と同時期に生じている。つまり、構造が創作活動を支える上で必要なものとなったと考えられる。中学生の頃は、先人の取り組んだ短歌の型を踏襲する制作であったが、晩年に至り、自身の資質によって捉えた世界を描き出すために必要なものとして定型に取り組んだのではないだろうか。

　ではなぜこの時期に上記の飛躍が生じたのだろうか。法華経には、一切衆生とともに現実生活の楽土化を目指して行動する理念があり、賢治も自分自身の救済のみを願うのではなく、人々および動植物に至る衆生の救済を目指していた。それゆえに、農民の窮状を知りながら中途半端に高校教師なぞしておれん、という思いとなり、教師を辞して羅須地人協会の活動へ向かったのである。しかし、理念を実現すべく、自己犠牲的に邁進した

活動の果てに病に臥すこととなり、「根子では私は農業わづかばかりの技術や芸術で村が明るくなるかどうかやって見て半途で自分が倒れた訳ですが今度は場所と方法を全く変へてもう一度やってみたいと思って居ります」（書簡252a, 1929と推測）など、複数の書簡に新しい方法を切り開かねばならない旨を記しているように、賢治は活動の方向性に深刻な見直しを迫られた。1929年秋、病から回復しつつある賢治は「文語詩篇」とタイトルをつけたノートをつけはじめる。これは賢治が中学生であった1909年から始めて、1930年まで各年に2頁を割り当て、その年の印象的な出来事をメモしていったものであり、ここに記された出来事を文語詩化し、一種の自分史の編纂と内省を行い、今後の方向性を模索することを意図したと考えられている。しかし、東北砕石工場の技師として働き、再度病臥するうちにこの試みは方向性を変えていき、自分史の編纂は途絶える。賢治は1931年、草野心平からの作品を送って欲しいとの求めに対し、文語詩を送付したところ、『春と修羅』のようなものを所望された。それへの返信の中で「『春と修羅』などの故意に生活を没したるもの、貴下に同感を得しこと兼て之を疑問とす」（書簡383）と述べており、賢治が創作において生活に根差すことを重視してきたことが伺える。

　また、賢治は知人へこれまでの活動を否定するような手紙を複数書き、1933年に「わたしのかういふ惨めな失敗はたゞもう今日の時代一般の巨きな病、「慢」といふものの一支流に過って身を加へたことに原因します。…（中略）…空想のみ生活して却って完全な現在の生活をば味ふこともせず、幾年かが空しく過ぎて漸く自分の築いてゐた蜃気楼の消えるのを見ては、たゞもう人を怒り世間を憤り従って師友を失ひ憂悶病を得るといったやうな順序です」（書簡488）としたためている。賢治はいくら理想を抱いても実現する手足を奪われ、何も出来ない状況に陥り、自力で世の中を変革できると思い上がった「慢」心を反省した。この頃の『疾中』には、煩悶が赤裸々に記載されており、賢治が失望や憤りといった感情を、文字通り地を這いながら経験したことが伺える。そして、松岡（2015）によれば、「慢」への反省を経た賢治には、仏の慈悲に救済されるべき、あるがまま一個の衆生である卑小な自分を肯定し、他力に救済される思想が目立って

くるという。そして他力とはいっても、これまでの自力救済をすべて放棄したわけではない。先の書簡488の続きが「風のなかを自由にあるけるとか、…（中略）…そんなことは人間の当然の権利だなどといふやうな考では、本気に観察した世界の実際と余り遠いものです」と続くことからも、賢治はこの世界を観察し続けた。この時期、自我意識の思い上がりを反省し、自分の卑小性を痛感して、より大いなるものに身を委ねる姿勢と、あくまでもこの世の真実在を描き出そうとする理念が両立したことが伺える。

　ここで、心理療法における定型すなわち枠組みの役割についての知見を援用して理解を深めたい。こころの理解を深める目的で行われる心理療法において、枠組みのもつ意義は大きい。まず治療は、クライエントの悩みや症状といった自力ではいかんともしがたい状況とともに始まる。そして、時間・場所・料金といった現実的な枠が定められ、こころの作業を継続させる現実的基盤が用意される。枠内では日常生活で活発に用いられる自我の判断や行動が控えられ、余剰となった心的エネルギーは内省に向けられるとともに無意識へ流れ込み、無意識領内が活性化される。賢治の病臥は、理想実現に向けた活動を止め、深刻な内省に向かう契機となった。そして自分の卑小性を自覚し、より大いなるものへ身を委ねつつも、自分の見るこの世を描き出そうとし続けたことは、心理療法過程において、こころ（無意識）という自我を超えるものを信頼し、そこから発されるものに思いを凝らす姿勢と通じるものがある。心理療法において心的作業を維持するために枠組みが欠かせないように、賢治にとって定型は創作活動に欠かせないものだったのではないか。

2　『文語詩稿五十篇』所収三詩篇の成立過程

　では、賢治の作品は、定型を得てどのように変化したかを検討する。『文語詩稿五十篇』中の3篇を取り上げ考察する。まず〔夜をま青き繭む

しろに〕から、賢治個人の体験から得たモチーフがいかに集合的なモチーフへと変化したかを示す。次に、〔その時に酒代つくると〕から、対象の両義性への開かれを示す。さらに、〔温く妊みて黒雲の〕から世界を捉える視点の深まりについて示す。

①『文語詩稿五十篇』所収〔夜をま青き藺むしろに〕定稿

　　　夜をま青き藺むしろに、　　　ひとびとの影さゆげば、
　　　遠き山ばた谷のはた、　　　　たばこのうねの想ひあり。

　　　夏のうたげにはべる身の　　　声をちぢれの髪をはぢ、
　　　南かたぶく天の川、　　　　　ひとりたよりとすかし見る。

　（大意）[注7]夏の夜、真新しく青青とした畳に、宴会に集まって揺れ動く人々の影が動くのをみていると、遠い山辺や谷辺のタバコ畑で、丈の高いタバコが風に揺られて動くのを見ているような気がする。真夏の宴席で、かすれた声と、縮れ髪を恥じながら酌をする自分は、窓外の南の空にある天の川だけが頼りだと思って、すかし見るばかりである。

　この詩の先駆形は、賢治が1920年に稗貫郡土性調査に携わった際の慰労宴の体験をもとにしており、文語詩下書稿には「土性調査慰労宴」とタイトルが付されている。（以降、（一行）とは一行空くことを、／は改行を示す。）

「酔ひて博士のむづかしく／慶応出でし町長も／たゞさりげなくあしらへば／縮れし髪を油もて／うち堅めたるをみな子も／なすべきさがを知らぬらし／（一行）／面ひそめて案ずるは／接待役の郡の技手／（一行）／ことあたらしくうちしける／青き藺草の甍の上に／人人のかげさゆらげば／昨日も今日もめぐり来し／たばこばたけのおもひあり／（一行）／また人人の膳ごとに／黄なる衣につゝまれて／三尾添へたる小魚は／昨日も今日もめぐり来し／くるみ覆へるかの川の／中に生たれる小魚なれ／（一

行）／村長われが前に居て／わが酒呑まず得酔はねば／西瓜を喰めとすゝむるは／組合村の長なれや／（一行）／あゝこののま夏山峡の／白き銀河の下にして／天井ひくきこの家に／つどへる人ぞあはれなれ」

　賢治の創作方法である「心象スケッチ」は、自分のこころに浮かぶ様々なことがらを書き留めていくというものである。自ずと題材は個人的体験から始まる。こうして書き留められたものに定型という圧力が加わると、詩のモチーフの精錬がなされる。賢治の場合、文語定型詩への推敲にあたって、「個別性からの脱却」方向に、すなわち、賢治の体験の私性や具体性は薄らぎ、客観的で普遍的な方向に精錬されるということが研究者に指摘されている（入沢、1999）。この詩においても、「個別性からの脱却」がみられる。「土性調査慰労宴」では宴に参加する賢治の視点から描かれていたが、定型詩定稿では賢治は登場せず、宴席の芸者視点から描かれ、賢治の個別体験の記述ではなくなる。
　文語定型詩では、娼婦を始めとする女、子ども、農民といった社会的弱者が描かれることが多いが、賢治はただ眺める対象として客観的に人物を描いたのではない。この点について、島田（2005）は、賢治の芸者（娼婦）の描き方の変遷を追っており、1926～30年頃には芸者を侍らして飲む恩師の醜悪さを描くことに焦点があり、芸者に対しては同情的であるけれども高みからの微妙に距離のある視点であると言うが、羅須地人協会時代を経た、〔せなうちいたみ息熱く〕では、彼女らを自分と同じ側にあるものとして描きだすようになったという。Jung（1967/1987）は、「私一人だけではなく大勢の人々に同時に備わっている・すなわちある社会や民族や人類に固有の・あらゆる心的内容を集合的と呼ぶ」とし、こうした内容として神秘的融即的体験があると述べている。宴席での賢治の居たたまれなさは、芸者のみならず、食事として提供された小魚をも含めた対象との、部分的同一性とでも呼べるような結びつきの上で感じる居たたまれなさである。定型詩定稿では、こうした居たたまれなさを、芸者に視点を移すとともに自分の個別性を消し、多くの人に共通する集合的な感覚として描いたと言えよう。

さらに、定型詩定稿の焦点は、酒宴の居たたまれなさだけではない。表面的な意識で見れば繰り広げられているのは酒宴という人事であり、芸者は酒宴を彩る社会的には卑小なものである。しかし、この詩篇における賢治の意識は、酒宴という人事をたばこの葉が揺らめく風景と捉えている。河合（2010）は、仏教は、意識のあり方を自然科学とは異なる物事の区別をなくす方向に向かって洗練させようとしてきたと指摘する。ユングが個人的無意識、集合的無意識として分けた層も、仏教的に言うと、だんだんと深まる意識のレベルに対応して世界の見え方が変化するということになる。もし、本詩篇において酒宴の居たたまれなさから、意識が外へと逸れてゆき、今日巡ってきたたばこ畑に思いを馳せるという展開を見せるのであれば、人事と自然の対比が描かれ、やっぱり自然の方がすばらしいということになるかもしれない。しかし、この詩篇で賢治の意識は、繰り広げられている酒宴という場に留まり、その水準が深くなり、酒宴の人々が揺らめくたばこの葉として見えてくるということが起こっている。その意識で見れば、賢治も芸者も区別はなくなり、ふと芸者が銀河とつながり、ここに天と地が交感する一瞬があることが見えてくる。賢治は「正しく強く生きるとは銀河系を自らの中に意識してこれに応じていくことである」（『農民芸術概論綱要』）と述べており、この一瞬を重視し、詩において焦点を当てたと考えられる。

②『文語詩稿五十篇』所収〔その時に酒代つくると〕定稿

そのときに酒代つくると、　夫はまた裾野に出でし。
そのときに重瞳の妻は、　　はやくまた闇を奔りし。

柏原風とどろきて、　　　　さはしぎら遠くよばひき。
馬はみな泉を去りて、　　　山ちかくつどひてありき。

（大意）そのとき酒代を作ると言って、夫は（馬泥棒をするため）また裾野へ出て行った。そのとき重瞳の妻は、（密夫のもとへ）また闇の中を奔走していく。柏原には風の音がとどろき、サワシギは遠くの方でお互い

を呼び合っている。馬はみな泉から立ち去って、山の近くに群がっている。

　この詩は、賢治がホテルに泊まった際、隣の部屋から聞こえて来た噂話（寅松という酒飲み男が身売り寸前の女を嫁にしようとしている）をもとにまとめた口語詩〔うとうとするとひやりとくる〕に端を発する。

「……／（寅松なかなかやりますからな）／（湧水にでも行っただらうか）／（柏のかげに寝てますよ）／（しかし午前はよくうごいたぞ／標石十も埋めたからな）／（寅松どうもなんですよ／ひとみ黄いろのくわしめなんて／ぼくらが毎日云ったので／刺戟を受けたらしいんです）／（そいつはちょっとどうだらう）／（もっともゲルベアウゲの方も／いっぺん身売りにきまったとこを／やっとああしてゐるさうですが）／（あんまり馬が廉いもなあ）／（ばあさんもゆふべきのこを焼いて／ぼくにいろいろ口説いたですよ／何ぼ何食って育ったからって／あんまりむごいはなしだなんて）／（でも寅松へ嫁るんだらう）／（さあ寅松へどうですか／野馬をわざと畑へいれて／放牧主へ文句をつけたことなどを／ばあさん云ってゐましたからね）／（それでは嫁る気もないんだな）……」

　その後、これをもとにした文語詩先駆形〔柳沢〕は次のような作品である。

「風あらき外の面の暗に／馬盗ると夫は出て行き／重瞳の妻はあやしく／仇し男のおとづれ待てり／（一行）／いくそたび水をたゝへて／落ちてはまたはねあがる音／ゐろりには樺うち燃えて／たいまつの樺をいぶせば／晩春の風のなかにて／水の音ひたすら落ちぬ」

　まず、口語詩〔うとうとするとひやりとくる〕から定型詩〔柳沢〕への推敲過程では、女に焦点が絞られ、「重瞳」という非凡な豪傑を表す形容詞が付与された。詩の後半は、作者の視点は女の中に入り、水の音が愛人の来訪を待つ心情を伝えるものとなっている。

次に〔柳沢〕から定稿への推敲ではどのように変化したか。まず、信時（2010）は、当時の大衆には文語が口語よりも親しみがあったことを挙げ、賢治が文語詩の読者として大衆を想定し、声に出して暗誦されることを目指していた可能性を指摘しているが、この詩も、韻を踏みリズミカルになっている。また、澤田（2000）は、賢治の文語詩を味わう際、句点までの完結をワンショットとし、ショットが配置され重なるごとに世界の多層性が象られていく様を鑑賞することを提示しているが、本詩においても、句点が打たれたことは重要で、各句がワンショットとして独立する。そして各ショットが並べられることによって各句のぶつかり合いが生じる。第一句と第二句で夫と妻を対比的に置き、詩の前半と後半では、男女の裏の顔という人事と原生林に息づき呼応し合う動物を対比的に置き、総じて対比の際立つ詩篇となったと言えよう。

　さらに定稿では、妻は愛人のもとへ駆け出していく能動的な存在に変化する。この詩篇について須田（1996）は、女性が性の充足に奔る姿にひそかな賛嘆を送っていると解するが、非凡な女の奔る姿への賛嘆だけではなく、馬泥棒の夫と対比させることによって生じる「どっちもどっち」というような女の卑俗さも表現されており、女の両義性に開かれたままイメージを結んだ作品である。心理療法過程において、枠組みの中で意識が内省に向かうと、心的エネルギーが無意識領内に流れ込み活性化される。無意識の領内は、あらゆる機能が分化する前の根源であり、諸内容が融合している。無意識内の未分化な内容を意識が捉える時、イメージとして捉えるが、その際、例えばある女が、時には菩薩のような慈愛に満ちた顔を見せるかと思えば、時には飲み込む山姥のような顔を見せるように、イメージの含む様々な側面がバラバラに現れ体験される。こうした両義性をそれぞれ十分に体験していくことがこころの理解には欠かせない。しかし、両義性が際立つとイメージに対し「open な態度」（河合, 1986）を保ち続けることが困難となる。すなわち、両義性に引き裂かれた意識が表層に浮かび上がってしまうと、物事の区別をする傾向が強くなり、両義的な物事の一面は排除されやすくなる。こうした困難に対し、枠はこころの作業を継続させる働きをする。こうしてイメージが両義性に満ちた、深みのある水準

で意識が持ちこたえる時、こころ（無意識）の働きによって生み出されるのが象徴的イメージである。象徴的イメージは両義的な内容のどちらも含むため、意識の分裂を仲介し、無意識的内容を意識に取り入れるための基盤を提供する。こうして意識は無意識領域から現れたイメージの全体像を把握することが可能となる。

　噂話は〔うとうとするとひやりとくる〕でスケッチされ、〔柳沢〕でモチーフは女に焦点が絞られ、その女と賢治は部分的同一化し、女の中に視点は入る。さらに定型詩定稿では、最小限の言葉による句のぶつかり合いによって、女の両義性に開かれたままそのイメージを結ぶ。その上で、女だけに焦点が向けられるのではなく、はっきりと目に見えなくても蠢く生き物たちそれぞれが対等に並置され、それらの醸し出す全体のムードが印象に残る作品となった。信時（2010）は、「艶笑譚」として本詩を捉える小沢（1987）の提言を受け、「大自然の中で繰り広げられる男女の物語をおおらかに受け入れるべき」としている。こうしたおおらかさが生じてくるためにも、上記の推敲過程による、女との神秘的融即理解の上に、両義性へ開かれたまま女の像が結ばれ、対象への突き放した視線が成立することが必要だったのではないだろうか。

③『文語詩稿五十篇』所収〔温く妊みて黒雲の〕定稿

　　　温く妊みて黒雲の、　　　野ばらの薮をわたるあり、
　　　あるひはさらにまじらひを、　求むと土を這へるあり。

　　　からす麦かもわが播けば、　ひばりはそらにくるほしく、
　　　ひかりのそこにもそもそと、　上着は肩をやぶるらし。

（大意）たっぷりと水分を含んだ黒雲が、野茨の薮の方にやってくる、もっと大地と交わってやろうと、求めているかのように低く這って迫ってくる雲もある。からす麦の種を私が播いていると、空高く舞い上がったひばりはかしましく鳴き、光の降り注ぐ底の部分では、農作業のために上着の肩の部分も破れてしまったようである。

宮沢賢治の『文語詩稿五十篇』

　この詩の先駆形の最初は「詩ノート」中の〔南から　また東から〕（1927年4月2日）である。

「南から／また東から／ぬるんだ風が吹いてきて／くるほしく春を妊んだ黒雲が／いくつもの野ばらの薮を渉って行く／（一行）／ひばりと川と／台地の上には／いっぱいに種苗を積んだ汽車の音／（一行）／仕事着はやぶけ／いろいろな構図は消えたきえれども／今年のおれは／ちゃうど去年の二倍はたしかにはたらける」

　この作品は、羅須地人協会の活動中に野良仕事をする賢治の視点から描かれたスケッチであろう。この後、〔心象スケッチ　退耕〕（1930年秋以降）へ改訂されていく。

「黒い雲が温く妊んで／一きれ一きれ／野ばらの薮を渉って行く。／そのあるものは／あらたな交会を望んで／ほとんど地面を這ふばかり／その間を縫って／ひとはオートの種子をまく／いきなり船が下流から出る／ぼろぼろの南京袋で帆をはって／山の鉛の溶けてきた／いっぱいの黒い流れを／からの酒樽をいくつかつけ／眠さや春にさからって／雲に吹かれて／のろのろとのぼってくれば／金貨を護送する兵士のやうに／人が三人乗ってゐる／一人はともに膝をかゝえ／二人は岸のはたけや薮を見ながら／身構えして立ってゐる／みんなずゐぶんいやな眼だ／じぶんだけ放蕩するだけ放蕩して／それでも不平で仕方ないとでもいふ風／憎悪の瞳も結構ながら／あんなのをいくら集めたところで／あらたな文化ができはしない／どんより澱む光のなかで／上着の裾がもそもそやぶけ／どんどん翔ける雲の上で／ひばりがくるほしくないてゐる」

　突然船が現れる部分は、「酒買船」（1927年4月5日）で描かれたモチーフであり、二つのモチーフが一つの作品となった。農作業に勤しむ自分と、突如現れた船から嫌な視線を向ける男達の対比から、賢治が新たな文化の創造を目指す活動としての農作業という理想を抱いていたことが伺える。

定稿は、羅須地人協会時代の自分の理想とする姿を描いていると解されることもあるが、「慢」への反省はこの羅須地人協会時代の自分に痛烈な批判を加えており、先に紹介した書簡488も文語詩清書後（1933年9月）に書かれていることから、自身の活動に対する批判を乗り越えて肯定したから定型詩定稿が書かれたわけではない。賢治の自我意識は自身に対する批判を痛烈に続けており、懐古的に理想とする自分の姿を描き続けたとは考えにくい。〔退耕〕から文語詩定稿への推敲で、船のモチーフが削除されたのは、賢治が自分を特別視する部分を省いていったことによるのだろう。では、定稿で何に焦点が当てられたのか。

　文語詩定稿では、前半では大地との交歓を求める黒雲が迫り降り、後半でも大地の交歓である種まきが描かれる。賢治にとって雲と恋愛すなわちエロスの関係が深いことは〔あの雲がアットラクテヴといふのかね〕（1927年4月）を読むとわかる。

「（あの雲がアットラクテヴといふのかね）／その黒い雲が胸をうつといふのか／それは可成な群集心理だよ、／なぜならきみと同じやうな／この野原の幾千のわかものたちの／うらがなしくもなつかしいおもひが／すべてあの雲にかかってゐるのだ／あたたかくくらくおもいもの／ぬかるんだ水空気懸垂体／それこそほとんど恋愛自身なのである／なぜなら恋の八十パーセントは／H_2O でなりたって／のこりは酸素と炭酸瓦斯との交流なのだ、」

　また、賢治にとってエロスとは肯定的なものでなく否定的な側面をもつことは、同じ1927年8月の「ぢばしりの蔓」には「**西には黒い死の群像が浮き上がる／春には春には／それは明るい恋愛自身だったでないか**」と述べていたことからもわかる。この両側面についての認識がより深まりを見せているのが、賢治が「慢」への反省中に残した『疾中』所収の下記の作品である。

「その恐ろしい黒雲が／またわたくしをとらうと来れば／わたくしは切なく熱くひとりもだえる／北上の河谷を覆ふ／あの雨雲と婚すると云ひ／

森と野原をこもごも載せた／その洪積の台地を恋ふと／なかば戯れに人にも寄せ／なかば気を負ってほんたうにさうも思ひ／青い山河をさながらに／じぶんじしんと考へた／あゝそのことは私を責める／病の痛みや汗のなか／それらのうづまく黒雲や／紺青の地平線が／またまのあたり近づけば／わたくしは切なく熱くもだえる／あゝ父母よ弟よ／あらゆる恩顧や好意の後に／どうしてわたくしは／その恐ろしい黒雲に／からだを投げることができよう／あゝ友たちよはるかな友よ／きみはかゞやく穹窿や／透明な風　野原や森の／この恐るべき他の面を知るか」

　雲や大地という自然との神秘的融即的な交歓は、賢治の人生を豊かにしてきた。しかし、この詩中には、飲み込み、死に至らしめる自然の恐ろしい側面に怖れ慄く賢治がより切実に描かれている。こうして黒雲のもつエロスの生産的側面と死をもたらす側面の両極に魅了・圧倒された上で、定型定稿では、前半で黒雲を、後半で自分を、大地との交歓を求めるものとして並び置いた。〔南から　また東から〕の創作時から賢治は黒雲の両極性を感知していたが、賢治の視点から世界が描写されるに留まっている。しかし自分の死を切実に感じた後、定稿においては、自分は迫り来る黒雲に飲み込まれて消え、その黒雲も消えていくであろうことを見越しているかのように、自分も黒雲も俯瞰した視点から描かれている。先の〔夜をま青き藺むしろに〕〔その時に酒代つくると〕において、賢治の視点が女の中にいったん入り、その体験をわが身と重ねるように近くした後、突き放したかのように、女の両義性に開かれたまま自然の中に置く描き方をする過程があるが、〔温く妊みて黒雲の〕でも、死に慄く自分自身を痛切に体験した後に、エロスの交歓と恐ろしさの両面そのままに、地べたを這うものでありつつ、黒雲と並ぶ確かな存在として自身を自然の中に描いた。そして澤田（2000）が、文語詩稿は、句点によって独立した像を連構成によってまた別の完結した像とぶつかり合わせることで「多層的に同時進行し、交錯する世界の全体像の表現を可能にしているのではないか」と述べているように、表層的な現実を捉える意識と、俯瞰的に見る深まった意識によって捉えた世界は、最小限の語句が両義性を保ったまま並べられ、かつ一

つにまとめられる定型に委ねられて多層的に表出される方法がふさわしいと考えられる。

　以上、賢治が後半生に定型詩に取り組んだ積極的意義について考察した。賢治は、病を契機とした内省により、自我意識の卑小性を痛感し、より大いなるものに身を委ねる姿勢を強めつつも、この世を見たままに描く試みを死の間際まで続け、その際、定型を表現手段として採用した。こうした姿勢は、心理療法において、枠組みが自我意識による判断を控えつつも対象に意識を留めて心的作業を継続させ、結果、世界の認識が深まる作業に通じる。賢治の創作においても定型を採用することによって、自身の見た現実生活から目を逸らせることなく、その見る意識を深めることを助けたと考えられる。深まった意識においては、自他の区別が曖昧となる神秘的融即的関係を通じての対象理解が行われ、個別的素材は集合的モチーフに精錬された。また、対象の両義性に開かれたまま対象イメージが結ばれるとともに、対象を俯瞰的に眺める視点を獲得している。表現手段としても、定型化に伴い、語句は最小限に削られ、簡潔な句が並べられてぶつかり合わせられたが、これにより、賢治の表層の意識が捉えた現実とともに深まった意識の捉えた世界も、多層的に示すことに寄与していると考えられた。

注

1 初期研究者から否定的評価を受けた影響や、戦後の時代背景として文語が国威発揚を思い出させるものとして避けられ、近年には文語がなじみないものとなった影響もあるとの信時（2010）の指摘がある。
2 双四聯とは、四句一聯とし、前後二つの聯にまとめられて連結されている形式を指し、文語詩50篇中29篇がこの形式で、賢治はこれを定型にしたと考えられる。
3 1932年の母木光への書簡421において、作品を建築物として見立て、その構造について触れたり、人物の名前の音について意見をしていることからも、作品のもつ構造や質感に意識を向けていたと考えられる。
4 松岡（2015）参照。
5 「本覚」とは衆生に本来的に備わっている悟りの智慧を意味する。もとは天台宗を中心として仏教界に広まったが、島地大等は日本の哲学として本覚思想を掲げている。

6　島田（2005）参照。
7　詩の大意はすべて信時（2010）による。

文　献

入沢康夫（1999）．賢治の文語詩　宮沢賢治研究会（編）宮沢賢治　文語詩の森　柏プラーノ　p.12.

Jung, C. G. (1967). *Psychologische Typen*. Zürich: Rascher Verlag.（林道義（訳）(1987)．タイプ論　みすず書房　pp.447-452, p.478.）

河合隼雄（1986）．心理療法論考　新曜社　p.99.

河合隼雄（2009）．ユング心理学入門　岩波現代文庫　pp.82-86.

河合隼雄（2010）．ユング心理学と仏教　岩波現代文庫　pp.144-148.

松岡幹夫（2015）．宮沢賢治と法華経——日蓮と親鸞の狭間で　論創社　pp.183-242.

見田宗介（1984）．宮沢賢治——存在の祭りの中へ　岩波書店　p.283.

宮沢賢治「文語詩稿五十篇」宮沢賢治全集（以下全集）4　ちくま文庫　pp.16-67；「浮世絵版画の話」全集10　pp.616-619；書簡252a, 全集9　pp.344-345；書簡383, 全集9　p.484；書簡488, 全集9　pp.597-598；書簡421, 全集9　pp.521-522；「土性調査慰労宴」全集4　pp.339-340；〔せなうちいたみ息熱く〕全集4　p.299；「農民芸術概論綱要」全集10　p.19；〔うとうとするとひやりとくる〕全集1　p.431；〔柳沢（先駆形A）〕全集4　p.332；〔南から　また東から〕全集2　p.189；「心象スケッチ　退耕」全集2　p.425；〔酒買船〕全集2　p.72；〔あの雲がアットラクテヴといふのかね〕全集2　p.199；〔ちばしりの蔓〕全集2　p.289；〔その恐ろしい黒雲が〕全集2　pp.527-528；『疾中』全集2　pp.505-543.

宮沢清六（1991）．兄のトランク　ちくま文庫　p.247.

中村稔（1994）．宮沢賢治ふたたび　思潮社　p.103, p.108.

信時哲郎（2010）．宮沢賢治「文語詩稿　五十篇」評釈　朝文社　pp.3-21, pp.84-91, pp.158-165, pp.243-251.

奥田智香子（2015）．宮沢賢治三作品の心理学的理解の試み　ユング心理学研究, 7（2）, 111-129.

小沢俊郎（1987）．重瞳の妻　小沢俊郎宮沢賢治論集3　有精堂　pp.17-29.

澤田由紀子（2000）．新たな方法への模索　宮沢賢治研究 Annual, 10, 158-168.

島田隆輔（2005）．宮沢賢治研究　文語詩稿・叙説　朝文社　pp.9-69.

須田浅一郎（1996）．宮沢賢治の文語詩に拠る挑戦　宮沢賢治研究 Annual, 6, 281-286.

吉本隆明（2012）．宮沢賢治の世界　筑摩選書　p.12.

（2016年6月27日受稿　2016年9月23日受理）

● 要約

　本論では、宮沢賢治の『文語詩稿五十篇』について定型の積極的意義について考察した。賢治は、青年期に自由口語詩を創作していたが、病を経た後半生には、慢心を反省し、大いなるものに委ねる姿勢をもちつつも、自分の捉える世界を見たまま描き出そうという試みを続け、その際文語定型詩化に注力した。こうした姿勢は、心理療法において、枠組みを設定することで、自我意識による判断を控えつつも、問題に意識を留めて心的作業を維持することで無意識を含むこころの働きによって問題の認識が深まる過程に通じる。賢治の創作においても定型が、自身の捉えた現実生活から目を逸らせることなく、その見る意識を深めることを助けたと考えられた。深まった意識においては、神秘的融即的関係を通じての対象理解が行われ、私的素材は集合的モチーフに精錬された。また対象の両義性に開かれたままイメージが結ばれるとともに、対象を俯瞰的に眺める視点を獲得した。定型により簡潔な句が並置された表現形式は意識の多層性を示すことにも寄与していると考えられた。

キーワード：『文語詩稿五十篇』、定型、分析心理学

Kenji Miyazawa's "Poems in Literary Style 50": About Fixed-form

OKUDA, Chikako

Watanabe Counseling Room

　In this study, I consider the significance of the fixed-form in Kenji Miyazawa's "Poems in Literary Style 50." Although he wrote poems in free-style in his youth, his later years saw him rewriting his poems in the fixed-form. After his illness, he reflected on the arrogance of self-consciousness, deepened his trust in the world, but continued to describe the world as he saw it. This attempt of his is similar to a psychotherapy session in which one refrain one's judgment of self-consciousness and continue to pay attention to the psyche, and then by virtue of the psyche, one's level of consciousness becomes deeper. The fixed-form of Kenji's writing plays the same role that the framework of psychotherapy does. With the perspective of a deeper consciousness, he began to experience objects in the state of "participation mystique", and refined the motif of his writing from being an individual experience to a collective one. The fixed-form helped him to see the ambiguity in objects and in describing the world from this perspective.

Key words: "Poems in Literary Style 50", fixed-form, analytical psychology

研究論文

「梁塵秘抄」から受け継ぐ今様歌謡の力
やわらかな自我の態度

鈴木志乃
阪本病院

1 はじめに

　本稿は、平安時代末期の流行歌を集めた「梁塵秘抄」歌集の中から、ユング心理学でいう「影」が扱われていると思われる歌群に着目し、現代の私たちの意識のありかたと呼応させながら検討を加え、背後にあるこころのありかたに改めて注意を向ける試みである。
　ユング心理学でいう「影」は、自我意識から否定される人間の劣等な人格的側面を表すこころの諸要素、つまり"十分に開発されてこなかった個人的無意識の内容・機能も含めて、私たちが表に出したがらない不快な性質を持ったものの集合"(Jung, *CW*7, par.103n) のことを指す。自我意識から見れば、「影」は忌避すべき性質や傾向の領域を指すけれども、重要なのは、Jung が指摘するような"幾分か劣等で、扱いにくく、原始的で、不適応なだけで、全面的に悪というわけではない。影はある意味で、人間の存在を生き生きとさせ、美しくするような、原始的で子どもっぽい性質すらもっている。しかし慣習的な規律が禁止している"(Jung, *CW*11, par.134) という影の性質が、自我意識との関係構造の中で息づいている点にある。つまり「影」は忌避すべき「内容」というよりも、忌避するという「動き」そのものに本質があり、自我意識は、忌避する行為に突き動かされることを通じて、補償的な影の作用をこうむることになる。

このように Jung は、私たち人類が元来持ちあわせている性質の一側面でありながら、価値を感じることができないために忌避する行為の中にこそ、一方的に否定されるばかりではない魅力的な更新作用が備わっていると明言している。しかしながら現代において私たちは、社会や制度という意識を中心としたシステムを通じて、良くない性質としての「影」に注目し、徹底的に取り締まり管理しようとする自我意識の傾向を持っているのではないだろうか。Jung の指摘するような、人間の存在を生き生きとさせ美しくするような「影」の更新作用は、どのような場面で発揮されるのだろうか。

2　素材の提示――今様歌謡集「梁塵秘抄」より「誰かを嘲り笑う歌群」の検討

　12世紀末、第77代天皇を務めた後白河により編纂執筆された歌謡集「梁塵秘抄」に収められた今様は、おもに遊女、傀儡女と呼ばれる女性の漂泊民によって歌い広められた。階級社会の上下を問わず流行した今様は、それまでの貴族文化とは異なり、庶民の生活に密着した情景を基軸に、親子、男女、生死にまつわる思い等々がテーマとなっている。現存する540余首の、多様な歌群の全容を概観することは本稿では控えるが、それらは概ね広義に「生きることへの讃歌」として捉えることができる。しかし、そうした性質とは趣を異にする歌もまた散見される。本稿で取り上げるのは、歌われる対象が手厳しく嘲笑されている歌群である。今様歌謡は当時の流行歌であり、そのような歌もまた当時の人々（集合的意識）に望まれていたことになる。当時の人々は一体何を嘲り笑い、そしてその笑いが何を意味しているのかについて考えたい。なお、歌の末尾には佐佐木（1933）の通し番号を引用し、表記の一部について漢字をかなに換えるなどしてわかりやすいよう記述する。加えて、歌の雰囲気を示す意図から、いくつかの歌の大意を現代語で加筆している。

(1) 東（田舎者）を笑う歌群

「東より　昨日来たれば　妻も持たず　この着たる紺の狩襖に女換えたべ　473」（大意：東国から昨日来た。嫁も持たない一人身だ。この服、俺の一帳羅。これならよいか？　どうか嫁ごに換えてくだされ）

「東には　女はなきか　男巫女　さればや神の男には憑く　556」（大意：あれでも女か田舎者、田舎じゃ男は巫女にもなるか。ご覧よ、あの言葉つき、あの態度）

　上京した東国武士が着衣の代わりに妻を得ようとする頓珍漢な態度や、東国訛りを強烈な当て擦りでからかい、素朴な所作を憑き物（神がかり）のようだと揶揄する歌群である。田舎臭さや無粋さが歌の中で大袈裟な強調によって創造され、そうして表現される、「場違いさ」「奇異さ」が嘲笑されている。こうした笑いが持ち込まれる場としての共同体は、定住の農耕民という括りではなく、都市の下層民であったという（馬場, 1987, pp.151-160）。多様な人の流れが生じる都市では、「東」に表象される"新興の者への尽きぬ興味"（同, p.160）が、笑いを伴い歌われることによって、今までの共同体にはないまったく新しい事象の到来として受け容れられた。"したたかな都市底辺に生きた人びとの心模様"（同, p.160）に宿る、こうした"放逸なエネルギー"や"華やかな狂躁ぶり"（同, p.151）は、現代を生きる私たちには馴染まない、粗野な前近代の芸能とばかりは言い難いように思われる。例えば、外国人から見た日本やその逆の様相、あるいは国内の地方文化の独特さが娯楽番組のテーマとなるように、私たちは古今を問わず自分たちの共同体にはない珍しさや新奇さに興味を引かれ、それらを面白がって受け入れる柔らかさと、奇妙なものを排除し今までどおりの安定を維持したい硬さの両面を持っている。TPOに合わないものは眉をひそめて敬遠するか、奇妙な存在の持つ魅力を歓迎するか。笑いを伴うことで私たちは、馴染みのない外側にある対象を自分の側へと引き入れることを可能にしている。

(2) 老いを笑う歌群

「尼はかくこそ候えど　大安寺の一万法師も伯父ぞかし…（略）…東大寺にも修学して子も持たり　雨気の候へば　ものも着で参りけり　377」（大意：こう見えたってあたしには、縁続きになるお偉いさん、高学歴の甥ごまで。雨が降るから着物を脱いで、たまたまこんなありさまさ）

「節の様がるは　木の節萱の節　山葵の蓼の節…（略）…翁の美女纏いえぬ独臥し　382」（大意：愉快な節にも色々あるが、別嬪さんに相手にされぬ爺さんなんかの一人臥し）

「娑婆にゆゆしく憎きもの…（略）…頭白かる翁どもの若女好み　姑の尼君の物妬み　384」（大意：世間で鬱陶しいものは、白髪爺の娘好き、お姑さんのひがみ根性）

「翁」や「尼」に表象される「老い」は、あらゆる階層に共通して体験されるものであるが、この歌群では、老いた人間像に「虚栄心」や「ひがみ根性」といった貧しい精神と肉体の衰えを担わせることで、笑いの対象を創造している。

他方で、当時は"嫗の嘆きをこそ歌いもし、また聴きもしようという時代の要求"（馬場, 1987, pp.140-141）があったとされ、それに応じる表現型として、下層階級に暮らす母（つまり嫗）の嘆きが特に共感され聴かれたという。例えば、

「わが子は十余になりぬらん　巫女してこそ歩くなれ　田子の浦に潮汲むと　いかに海人集ふらん　まだしとて　問ひみ問はずみ　嬲るらん　いとほしや　364」（大意：わが娘の歳は十余り、歩き巫女して海辺を行けば、年端も行かぬ小娘と、あれやこれやといたぶられ、それを思うといたわしい）

に代表されるような、漂泊民として生き、苦境にある我が子への思いを歌ったものが複数認められる。

しかし、ここで取り上げた歌群の中の「尼」（老女）は、共感すべき嫗の嘆きを持たない。権威を誇る老女の虚勢が強調され、それが笑いの対象

となっている。

　また「翁」に表象された笑いは、馬場（1987）によれば"集団表現・集団の視点"（p.104）において歌われた"集団の興味の対象として選びとられた世界"（p.100）であるという。すなわち、個の観点から老いらくの恋を「私のこと」に引き寄せ体験し得る共感的な世界観よりも、集団の感性として"卑俗な世俗日常世界"（p.100）の滑稽さが強調されることで、"人の心の心理の一断面を辛辣に切りとる働き"（p.104）が強調された歌群が存在していたことがわかる。

　現代を生きる私たちは、何をゴシップとして捉え、興味関心を引かれるだろうか。例えばお笑いが何を話題に取り上げ、何が人気を博すかを連想してみると、その話題となった対象の感情に、共感的に寄り添うこころばかりでなく、嘲笑的な態度に繋がるこころの動きが、私たちの中にも生きていることに気付かされはしないだろうか。

(3)　巫女を笑う歌群

「鈴はさや振る　藤太巫女　目より上にぞ鈴は振る　ゆらゆらと振り上げて　目より下にて鈴振れば　懈怠なりとて神腹立ちたまふ　414」（大意：巫女さんしっかり鈴を振れ。そんなにやる気のないことじゃ神さんだって降りやせん）

「住吉の一の鳥居に舞ふ巫女は　神はつき髪　衣はかり衣　しりけれも　545」（大意：あそこの鳥居で舞う巫女は、髪も着物も借り物で、それさえつんつるてんときた）

「この巫女は様がる巫女よ　帷子に尻をだにかかいで　ゆゆしう憑き語る　これを見たまへ　560」（大意：あれご覧。貧相ななりで尻まで出してご神託とはお笑いだ）

　いずれの歌に歌われる巫女も神職としての尊さは少しも顧みられず、所作の「滑稽さ」が強調されている。今様を管理伝承し、行く先々で歌い広めた遊女、傀儡女は、"官僚的支配の内側"で定住する農耕民に対し、"官

僚的支配の外側に生き、課役なき生活を営"む"体制外の非編戸の民"（西郷, 2004, p.180）であった。巫女もまた、今様を歌うことを職業の一端とした、共同体からは既に外れた存在である。漂泊の芸能者である彼女らが、我が身を差し出し巫女を演じ、さらに巫女そのものを嘲る（自分で自分を笑う）歌を歌えば、聴き手と歌い手との間に厳然としてあるはずの溝、つまり共同体の内と外における境界が融解し、両者は渾然一体となって盛り上がったことだろう。

例えば現代では、女芸人という括りで女性の容姿や境涯がネタにされ、強烈な笑いが繰り広げられもする。あるいは、毒舌な芸風が観客をこき下ろすような仕掛けにおいても、観客はその酷い言われように眉をひそめるどころか拍手喝采を浴びせかけもする。そこには、観客と演者の間にある境界を緩ませ場を一体化させる力が内在している。なお、ここで用いた「場」の概念については、次の考察において「影」の検討に引き続き言及する。

3　考察

(1)　「影」の動き――嘲り笑う対象とは何か

元来私たちは、受け入れ難い異質さや、自分の中にあると認めたくない弱さを、阻害するこころの動きを持っている。現代の笑いを例にとれば、それらはいつもどこか貶められたことではなく、行き過ぎてはならず、常に点検されなければならない。こうして自我意識は、私たちの中にはじめから抜きがたく存在する「あってはならないもの」を「なかったこと」にしてしまう。意識的で組織的で管理的な自我構造が堅固となればなるほど、「なかったこと」にされた「影」の領域は拡大する。「誰かを嘲けり笑う」歌群で見てきたとおり、かつて私たちは、一見自分たちの外側にあるかの

ように体験される異質さや弱さを、笑いとともに内側に引き入れることで活かそう（共に生きよう）としてきた。

　では、現代における私たちの意識は、「影」に対してどのような態度をとり得るのだろうか。例えば「田舎者」を笑うとき、揶揄の対象とされた地域の名誉を損なうような態度は避けられねばならないし、同質集団から異質な他者を疎外するいじめの構造が連想されてしまうかもしれない。同じように、「老い」を笑えば高齢者虐待が、「巫女」を笑えば女性蔑視や職業差別の容認が取り沙汰されるかもしれない。このように現代の意識は、「影」を投影する「対象」を巧みに抽出して指摘しながら、その「対象」を阻害する行為などあってはならないとばかりに、「影」と自我意識の関係構造にある「阻害する」というこころの動きそのものを強く否定し、そのような動きを「ないもの」として徹底的に取り締まる傾向にある。これは危険なことである。「影」は、抑圧されれば暴発する。

　今様歌謡が流行した平安時代末期は、摂関政治と貴族文化を中心とした一面的な時代性に異議を唱える形で武士が台頭し、さらには院政が展開された動乱期である。一箇所集中型の権威は維持され難くなり、多様な対立関係が表面化し始める。そのような時代を生きる人々の意識には、主流を誇る権威への否定や、既存の価値観の転覆を図ろうとする機運が盛り上がり始める。そうした人々の集合的意識を反映して、古い一面的なありかたを「嘲り笑う」表現が熱烈に望まれた結果、今様は、流行という一時的な現象として隆盛を極めた歌である。

　こうして考えてゆくと、今様を介して当時の集合的意識が大いに笑ったものの正体は、田舎者や老人、あるいは共同体から外れた異質な職業者である巫女に表象された「影」とみなされる、対象そのものだけに帰結しないことに気付かされる。「東を笑う」歌群では、都としての京と対比させた東国出身の田舎者（余所者）を笑うように見せかけて、自分の筋だけで物事を進めて当然であるとする自己中心的な態度、すなわち全体を見通すことをしない視野の狭さこそが笑われている。「老いを笑う」歌群では、権威を誇る虚勢の滑稽さが強調され、嫉妬心や助平心に動かされる人間の、一面的な態度が笑われている。「巫女を笑う」歌群では、聖なるものであ

るはずの存在に、俗な性質を見出し強調することで、聖性の投影は裏切られ、見せかけを気取る態度のほころびが巧みに表現されている。

このように「嘲り笑う」歌群は、影の性質や俗なるものを「ないもの」として振る舞い、自我意識の安定を図ろうとする人間の、一面的で硬いありかたそのものを対象化し、笑いによってその硬さを緩ませる作用を持っていたと考えられる。共同体の外から来る漂白民（遊女、傀儡女）が、自らを賭けて歌い演じ、当時の聴衆が大いに笑ったものの正体は、気取りや虚栄心を最たる特徴とする「一面的な硬い自我」のありかたではないだろうか。

この歌群の中に創造された人の営みには、視野が狭く、異なる可能性を許容する幅を持たない、必死で一面的な人の姿が表現されている。「影」の動きによって誰もが体験し得る、自我意識の態度の一つが明るみに出されているのである。普段それらは否定され「ないもの」のように隠されているが、今様の中では「影」に突き動かされた一面的で滑稽な自我意識の姿が、生き生きと再演されている。聴衆にとって、それらがまったく異質なものであるならば、こうした歌群が受け入れられることはないはずである。

普段私たちは、自我の安定を保つために注意深く、表向きの態度を保って暮らす。そんな自分の内側に、目の前の今様の中に生きられている一面的な自我の似姿が存在するからこそ、聴き手は歌い手の熱演にどっと笑うことができる。この、いわば柔らかな自我の態度を誘い出すことに、今様は長けていたと考えられる。一面的で硬い自我が緩むことによって、歌い手と聴き手の間にある境界もまた緩み、内外の一体化する「場」がそこに生じていたことだろう。

(2) 「場」を作る歌の力

①「場」の概念

本論で検討してきた「影」の動きによって生成する「場」の概念は、哲学者として空間論を上梓したBollnow（1963/1978, pp.241-254）の言葉を

借りて次のように説明できる。「場」は、特定された実際の「場所」と、まず区別される。「場所」は、容量を伴った空間領域であり、容量という有限性によって成立していることから、所有という発想が生じ、奪い合いによる拡大、縮小の動きが生じる。Bollnow は他者と争い自分だけの空間を獲得しようとする「場所」のありかたを、"張り合いの空間"、"悪意のある対抗の空間"（同, p.246）と呼んでいる。そこには、いわば排他的な「個」と「個」の関係に基づいて区画される別々の空間が隣り合わせて存在するだけである。

　以上のような「場所」と区別される「場」は、単なる量的な空間の増減にまつわる小競り合いを超えて"〈体験されている空間〉の質的変化"（同, p.249）によって創造される、共在の感覚に基づいた"根源的な共有空間"（同, p.253）のことを指す。この概念の理解を促すために Bollnow は、職業上の作業空間を例に用い、"諸作業機能の相互補完でこの共有空間は十分に満たされているので、自分自身の空間を限定することは全く意味を持たない"（同, p.253）というイメージを提供している。つまりこの空間においては、誰かの行為が別の誰かの行為を補完し、誰かと誰かの行為の集まりが全体を形成する。ここでの誰かの行為は、「場所」でのそれとは異なり、別の誰かの空間の侵略にも行為の阻害にも当てはまらない。

　このような様相は、例えば演劇やある種の空間芸術、団体競技など、幅広い協働の創造行為にも例えることができるだろう。つまり、多様な要素が同時同場で同列に活かされ一つのありようをかたち作る構造が、「場」の特徴であると言い換えることができる。

　そしてこころの構造もまた、意識の領域に上ってこない無意識の領域（「影」を含む）を包摂した全体として、一つの空間が共有される「場」のイメージを通じて理解することができる。また、一面的で硬い自我意識が「影」を抑圧し、意識で空間を占有しようと図る動きは、意識と無意識の張り合いとして捉えることもでき、これは「場所」の機序によって説明することが可能であろう。

②歌謡の力

　今様の歌詞内容は、落首や和歌として「詠まれる」ことではなく「歌われ聴かれる」ことによって、当時の人々のこころの全体に作用し活かされてきた。この、人間の存在を生き生きとさせ美しくするような「影」の作用を自我にもたらす歌謡の力とは、一体何であろうか。

　「いにしえより今にいたるまで、習ひ伝へたる歌あり…（中略）…神楽は、天照大神の、天の岩戸を押し開かせたまひける代にはじまり」（佐佐木, 1933, p.91）

　「梁塵秘抄」口伝はこの一文で書き出される。後白河は、歌い踊る芸能の発生始源として名高い、古事記に初出の著名な逸話を引用し、そこに今様の起源を連ねて書き始めている。後半になれば、後白河自身が「今様歌ひて示現を被ること、たびたびになる」（佐佐木, 1933, p.120）という不思議な逸話が、繰り返し詳細に記述される。後白河が今様を歌う声に応じるかのように、誰もいない神殿の奥から響く伴奏の音色、樹上から聞こえる歌声、そのような出来事が居合わせた人々に体験される。ほかにも、眼には見えない神の訪れを強く実感させる麝香の香り、突然鳴り響く御神体の鏡、いつどこで誰がそれらを体験したかまでが口伝には具体的に記されている。その折々、平清盛をはじめ様々な臣下は、後白河の歌う今様を所望する神の面影を夢に見る。この夢については、後で考察する。

　このように展開する口伝の構造において、歌の力の本質が神と繋がることにあった故事を踏まえた上で、後白河みずから声を出して歌う今様が、神と繋がる特別な「場」の生成に繰り返し寄与したことが丁寧に主張されている。

　口伝に引用された古事記の逸話は、天の岩戸に隠れた太陽神（天照大神）を場に呼び戻そうとする様々な儀式の中でも、アメノウヅメが"胸乳をかきいで裳紐を陰に押し垂れ"踊る姿をみて八百万の神が笑い轟くことにより、なにごとかと顔を覗かせることではじめて、岩戸に隠れた太陽神は場に呼び戻される（倉野校注, 1963, pp.40–42）。この太陽神を呼び戻した要因は、いうなれば行為者と鑑賞者の一体化する「場」が形成される不思議な一回性の力にある。どうにもならない硬直化した状況を一変させ、

並み居る一同をどっと笑わせたアメノウズメの踊りとは、普段は隠して「ないもの」にして取り澄ましている、衣服の下の世界を晒し明らかにする行為でもある。隠されることで得る安定（と硬直）を、自らの行為を賭け転倒させるアメノウズメの態度は笑いを誘い、柔らかな自我の態度を誘い出す。この、芸能の起源とされる著名な逸話にもまた、私たちの存在を生き生きとさせ美しくするような「影」の更新作用が働いている。

　以上のような力を持つ芸能の一つとしての今様は、馬場（1987）が指摘するように、"概念的抽象的に文字として固定されて存在するものとしてとらえるのではなく、歌われる「場」、すなわち、時・事物・場所柄・状況・心情・歌う人物・聞く人びとという、実際に歌われる「場」の中での歌謡"（p.176）である。その場にふさわしい歌が望まれ、引用され、歌い替えられ、それが聴かれてまた歌い継がれていく行為の中で、今様という歌謡は成立してきた。この即興性と一回性、その場性、さらには歌い手と聴く場との関係性が、今様歌謡に宿る力の根源であり特徴である。

③歌謡の力が「場」を作る

　歌謡がその場で歌われ聴かれる位相においては、先に述べた「個」の対立によって相互に空間を奪い合う「場所」とは、明らかに異なる「場」が成立する。

　劇作家の平田（2013）は、日本の農耕社会を反映した"「誰もが誰もを知っている強固な共同体」"（p.53）すなわち地縁、血縁あるいは生計を成り立たせる経済活動の場に基づく集団が、かつてのようには良い機能を果たし得なくなった現代においてもなお、依然として共同体の基礎であることを改めて指摘する。そして、それら日常の共同体が排他的であったり利益追求型であったりすることが、「個」の支えとして十分に機能し得ない現代においては、音楽や演劇あるいは祭りなどの、出入りが自由で小さく、ゆるやかな"離合集散を繰り返す集団"（p.54）が良い作用を及ぼす可能性を、数多くの実践事例を通じて示している。

　平田のいう強固な共同体である社会集団と家族集団は、平安時代にも現代にも変わらず存在し続けている。今様を介して生じる一時的な「歌い聴

かれる集団」は、その場限りのはかないものであるが、平田の指摘する離合集散を繰り返す小集団と同様の働きを持っていたと考えられる。

「上達部殿上人はいはず、京の男女、所々の端者、雜仕、江口神崎のあそび、國々のくぐつ、上手はいはず、今様をうたふ者の聞き及び、われがつけて歌はぬ者は少なくやあらむ」（佐佐木, 1933, pp.97-98）

院政期の執政者でもあった後白河は、自らの属する強固な共同体としての貴族社会と政治集団の枠を超えて、今様を歌う者であれば誰でも階級の上下にかかわりなく、その歌い手の後に続き共に歌ったという。"不特定多数が集まる広場は、為政者にとっては脅威である"（平田, 2013, p.50）にもかかわらず、後白河はそうした「場」の生成を可能とする今様の作用に価値を見出していたことになる。

自らの所属する共同体内部においては、「個」と「個」の空間は時に「場」として共有されることもあるだろうが、その外側では、しばしば共同体の「場所」を脅かす別の共同体との争いが生じるだろう。歌謡の力は、そうした通常の位相における境界を融解し、普段は別々の「場所」に属しているはずの歌い手と聴き手が、一体となる「場」を生成させるのである。

(3) 日本におけるこころのありかた

これまで、今様が硬く一面的な自我の態度を緩める「影」の作用を持っていること、加えて、歌謡には歌い手と聴き手の境界を緩め一体になる「場」を生成し得る力が備わっていることを明らかにしてきた。こうした特長を持つ今様を創造し、歌い、受け入れ、さらに歌い継ぐことをしてきた日本におけるこころのありかたに、注意を向けておきたい。

①今様歌謡の世界観

「舞へ舞へ蝸牛　舞はぬものならば　馬の子や牛の子に蹴させてん…（略）…まことに美しく舞うたらば華の園まで遊ばせん　408」はよく知られ、この他にも身近な動物や虫あるいは無機物を擬人化した歌が梁塵秘抄には複数認められる。

「茨小木の下にこそ　鼬が笛吹き猿舞で　かい奏で　稲子麿賞で拍子つく　さて蟋蟀は鉦鼓の鉦鼓のよき上手　392」（大意：木立の根元を見てご覧。イタチが笛吹きゃサルは舞う。バッタが音頭とりゃカネを鳴らすキリギリスのお出ましだ）、「ゐよゐよ蜻蛉　438」、「いざれ独楽　439」などと、歌い手は人ではないものに隔てなく呼びかけ、無機物さえもが生き生きと命を吹き込まれている。

　このような歌群は、"和歌に多く見られた、伝統的な美意識によって動植物を人間の鑑賞の対象とする態度や、一部の説話に見られるような動植物を人間の下に位置づけたうえでその行動を分析評価する態度"（植木, 2009, p.211）とは大きく異なる。今様の世界観では、"人間と動植物をひとつづきのものとして捉え…（略）…楽を奏し、舞い遊ぶといった芸能の力によってこそ、人間と自然とが混然一体となった宇宙が現出される"（同, p.211）のである。

　以上のように、今様という流行歌には、聴き手が「私のこと」として体験し得る、人間の普遍的なこころの諸様相が情感を伴って歌われているのみならず、一見すると「私」とは隔たる非人間的なものの中に、「私」に連なる何かを認め得るこころの態度が見出される。この、人間に限定されないより広範で多様な世界そのものとの、いわば交感可能性に開かれる態度にこそ、今様を創造し得たこころのありかたが潜んでいるように思われる。

②河合隼雄による指摘

　ユング心理学の立場から、西洋人の自我意識のありかたとは異なる、日本人のこころのありかたを研究したKawai（1995）は、13世紀初頭に編纂された「宇治拾遺物語」の説話を素材に、中世日本におけるこころのありかたが"現実世界と夢の世界が互いに自由に繋がりあう"（p.15）性質を持つ点を指摘している。

　当時の人々にとっての世界体験は、近代的な意識がそうであるように、固定化された唯一の真実に帰着する傾向を持つものではなかったし、自我意識もまた固定化された唯一の堅固なアイデンティティを維持してはいな

かった。Kawai（1995）は、他者の見た夢に応じることによって自分の態度が決定されていく侍の説話を引用しつつ"日本人は主に他者の存在を通じて「私」を見出す"（p.24）性質が、現代においても潜在的に維持されていることを指摘している。そして日本における自我意識が"この世もあの世も含み込んだ立ち位置をとる"（p.17）独自さを持つとも述べている。

次の項では、Kawai（1995）によって指摘されたこころのありかたがよく表れていると思われる、今様歌謡を介した人々の世界観を引用したい。

③後白河に報告された夢

今様歌謡集の編纂と同時に執筆された口伝集には、後白河自身が他者から夢の報告を受け、それを介して自らの態度を決定してゆく逸話が多く認められる。当時の人々は、夢に現れる神や不思議な出来事に開かれ、こころを通い合わせていく。その様子の一つを、夢を中心に取り上げる（佐佐木, 1933, pp.113-114）。

ⅰ．先達（家来）の夢：このたび参らせたまふはうれしけれど、古歌を賜ばぬこそ口惜しけれと見たる由（大意：私の熊野参詣に随行した者が見た夢に「参詣は嬉しいけれど、今様を得意とするあなたの声で古歌を奉納してはくれないことがとても残念に思われる」と熊野権現からのお告げがあったことを、私は聞かされる）
〈後白河の連想〉"かく夢のことを聞きて左右なくうたはむ（略）"（大意：この夢を聞いて、これはどうあっても今様を熊野権現に奉納しよう、と私は考えた）
ⅱ．平清盛の夢：束帯したる御前具して、唐車に乗りたる者、御幸のなるやらむとおぼしくて王子の御前に立てたり。この歌を聞くにかと思ひて、きとおどろきたるに、今様をある人出だしたり（大意：供を連れた高貴な人が、車で社殿に乗り付ける。これは熊野権現みずからが今様を聴きに来られたのか……と驚き眼を醒ますと、今まさに法皇が歌い出す）
その歌にいはく「熊野の権現は　名草の浜にぞ降りたまふ　和歌の浦にしましませば　年はゆけども若王子」（大意：熊野の神が名草の浜に御降臨

この地を和歌（若）と呼ぶとおり　神は幾年経たとてお若くおわす）
〈後白河の連想〉人々は"夢に思ひ合わせられて"、"現兆なる由を申し合ひ…（略）…経供養・御神楽など…（略）…我音頭にて小柳よりはじめて、今様…（略）…数を尽くす（略）"。

　後白河が初めて熊野を参詣した折、家来（先達）の夢 i を通じて、熊野権現（神）は後白河の今様奉納がないことを残念に思う意志を告げる。そこで臣下の平清盛は後白河に、今様奉納を是非にと進言するものの、内心では民衆の中で法皇自ら歌うのはいかがなものかと懸念する。そのような心持ちでいる折に見た清盛の夢 ii の中へ、熊野権現が今様を聴きに現れる。清盛が目を醒ますと、まさに後白河が熊野権現の降臨する今様を歌っている最中であった。人々はこれら二つの夢から熊野権現の意思を受け取り、その後は迷うことなく後白河自らが先導し、終夜今様を歌い尽くしたという。
　以上のように、当時の人々の体験世界では夢と現実という両領域の扉は開かれ、自由な行き来の中で各々の意志が決定されている。中でも後白河は、自ら今様を歌うという身体を伴った行為で夢に応える態度を選択している。この態度は、後白河の御座所であった法住寺での供花会が（当時のそれは一般的に読経や舞を眺める行事であった一方で）、僧俗おしなべての転読および読誦が中心であった（沖本, 2006, p.185）こととも共通する。後白河は、自ら声を出し参加する身体行為を通じて"老若貴賤入り交じった場の持つ力、渾然一体の芸能の祝祭力"（同, p.185）を重視する人であった。

④流行にみる日本のこころ

　改めて、西洋的あるいは近代的な自我意識の確立が、他の何とも異なる確固とした唯一性に「私」を投影することで、誰とも異なる「私」を実感できることにあるとすれば、日本におけるこころは、世界に開かれたやりとりを通じて「私」を実感する側面を持つといえる。そうしたありかたにおける「私」とは、自我意識に同等というよりもむしろ、世界の側に「私」

が遍在していると表現してよいようにも思われる。

　こうしたこころの態度は、宇治拾遺集や梁塵秘抄の成立した13世紀前後のみに認められるものではない。例えば、19世紀半ばに落語化された「夢の酒」は、現代においても好んで聴き継がれている人気の噺である（江國他, 1969, pp.69-78）。その概要は【夫が見る夢の中に、酒を薦めて夫に親しく接近する女が現れる。新婚の妻はその出来事に嫉妬し、舅に"なんでせがれに酒を飲ました…（略）…と小言のひとつもいってやってください"（同, p.74）と、夫の見た夢の中に入って女に意見するよう求める。応じて舅は夢に入り、その女性に会うが……】というものである。この"夢と現実の大胆な交錯"（同, p.77）が、聴衆に好まれ許容され今に残る事実からも、日本におけるこころのありかたの根本には、夢と現実の二領域の境界を往来する扉が存在し、それらが包括されて世界は全体であることが理解される。

　また、時代を代表する小説の選出が流行の契機ともなる文学賞に目を向ければ、近年の芥川賞受賞作「コンビニ人間」（村田, 2016）に描かれる現代女性は、コンビニのアルバイト店員という"世界の正常な部品"（p.20）になってようやく「私」を実感し得る。公私の境界なく、非人間であるコンビニと過剰に呼応し合い、"コンビニの「声」が聞こえ"（p.148）もする彼女のありかたは、現代社会（＝集合的意識）からみた「個」のない異質さとして疎外されるけれども、疎外する側もまた「個」のない集合的なかたまりに過ぎない日本のありかたを露呈する。集合的意識との同化により保たれる普通さは、硬く一面的な自我と親和的である。そこからの疎外や対立という軸を超え、共に在る「場」を創出する柔らかな自我の態度を誘うことは、今様の歌い手が漂泊民の女性であったように、集合的意識から切り離されて集団の外にいる「私」により為されるものなのかもしれない。

　ここではあくまで一例を取り上げたに過ぎないが、今様の流行した時代とは別の流行に注目することで、日本におけるこころのありかたを検討し得る可能性を提示した。

4　おわりに

　「詩を作り和歌をよみ、手を書く輩は、書きとめつれば末の世までも朽つることなし。声わざの悲しきことは、我が身かくれぬるのち、とどまることのなきなり。その故に、亡からむあとに人見よとて、いまだ世になき今様の口伝を作りおくところなり」（佐佐木, 1933, p.122）

　後白河は口伝の最後で、文字として後世に残すことが可能な詩歌と異なり、歌声はその場限りで消えゆくはかないものであるからこそ、歌謡集編纂のみならず口伝集執筆を共に行ったと述懐する。詩歌が人のこころの普遍性を伝える営みであるとするならば、流行歌である今様という器には当時の時代性が保存されている。和歌の世界が排除した美しくないもの、貴族文化が排除した民衆の生活、精神的なものに対する俗で身体的なもの、退けられたそれらは今様の歌い手に誘い出されて笑いと共に解き放たれ、当時の人々のこころを生き生きとさせた。

　本稿はそうした歌群のいくつかを素材とし、ユング心理学における「影」の作用を見出した。私たちはもともと「あるべきでないもの」を身内に抱えた俗な存在であり、視野が狭く自己中心的で、虚栄心を抱えながら見かけを気取ろうとする滑稽な存在である。そのような存在を今様の中で演じて生きる遊女、傀儡女の歌を聴けば、聴き手は彼女たちを外側に眺め鑑賞する態度にとどまることはできない。聴き手も思わず歌う側へと移行しながら、両者が一体となる「場」が生成され、聴き手のこころには内なる歌い手が呼び覚まされていく。

　筆者は本稿における「場」の考察において、後白河がこの今様の態度に宿る力をこそ、権力の対極に位置づけようとした人であることを指摘した。彼は、民衆を力で統率しようと図る管理的態度に対して、神との交感可能性という位置づけを今様に付与し、「梁塵秘抄」の執筆編纂を通じてその価値を強く主張したのである。管理的態度は、「影」を抑圧しようとする

硬直した自我意識の態度である。対する今様の態度は、自我意識の安定のためになかったことにされる「影」の性質を内に取り込み共に活かす、柔らかな自我の態度である。貴賤の区別なく流行し、あらゆる要素が同等に活かされ共存する「場」の生成を可能にした今様は、現代においてもあらゆる局面で引用されてよい貴重な性質を持つように思われる。

文　献

馬場光子（1987）．今様のこころとことば──『梁塵秘抄』の世界　三弥井書店

Bollnow, F. O. (1963). *Mensch und Raum*. Stuttgart: W. Kohlhammer.（大塚恵一・池川健司・中村浩平訳（1978）．人間と空間　せりか書房）

江國滋・大西信行・永井啓夫・矢野誠一・三田純一（編）（1969）．古典落語体系　第2巻　三一書房

平田オリザ（2013）．新しい広場をつくる──市民芸術概論綱要　岩波書店

Jung, C.G. (1953). Two Essays on Analytical Psychology. *CW* 7. Princeton, N. J.: Princeton University Press.

Jung, C.G. (1958). Psychology and Religion: West and East. *CW* 11. Princeton, N. J.: Princeton University Press.

Kawai, H. (1995). *Dreams, Myths and Fairy Tales in Japan*. Einsiedeln, Switzerland: Daimon.

倉野憲司（校注）（1963）．古事記　岩波文庫

村田沙耶香（2016）．コンビニ人間　文藝春秋

沖本幸子（2006）．今様の時代──変容する宮廷芸能　東京大学出版会

西郷信綱（2004）．梁塵秘抄　ちくま学芸文庫

佐佐木信綱（1933）．新訂　梁塵秘抄　岩波文庫

植木朝子（2009）．梁塵秘抄の世界──中世を映す歌謡　角川選書

（2015年11月30日受稿　2016年10月26日受理）

●要約

　本稿は、平安時代末期の流行歌である今様を集めた歌集「梁塵秘抄」の中から、ユング心理学でいう「影」の作用が見出される「誰かを嘲り笑う歌群」に着目した。それらの歌群について、そこから連想される現代の類似した事象と呼応させながら考察を加えた。その結果、近代自我が、抑圧された「影」の性質を排斥することで安定を保とうとする一面的な硬さを持つのに対し、今様には、それを補償する「柔らかな自我の態度」が備わっていることを明らかにした。また歌謡には、異なる性質同士が互いの領域を奪い合うことなく共存できる「場」を生成する力があることを述べた。日本において、このような性質を持つ今様歌謡が歌われ聴かれた事実から、次のことを主張した。日本におけるこころのありかたとは、近代自我の確立が唯一性を目指す態度とは異なり、非人間を含み込んだ世界そのものに開かれこころを通わせ、呼応する行為の中に「私」を見出す位相を持っている。

　　キーワード：今様歌謡、硬い自我を補償する柔らかな自我、日本における
　　　　　　　　こころのありかた

Passing Down the Power of "Imayo":
The Old Popular Songs of Japan and Their Influence on Ego

SUZUKI, Shino

Sakamoto Psychiatric Hospital

　Imayo songs were a popular genre towards the end of the Heian Period in Japan. From the various Imayo songs compiled in the anthology *Ryoujin Hishou*, this paper focuses on the "Songs to Ridicule and Laugh at Someone" that seems to evoke an aspect called "shadow" by Jungian psychology. This investigation also takes into consideration dialogues regarding similar phenomena from today. Its findings clarify that Imayo songs reflect flexibility in the ego which can compensate for the modern ego's achievement of stability through the repression of "shadow" in the process of attaining a superficial stability. The study also revealed Imayo songs have the capability to create an unity in which differing natures can coexist without encroaching on the territory each other. This study asserts that the mentality in Japan, as distinct from the uniqueness in the creation of the modern ego, works within a typology in which it discovers oneself in receiving messages from the world which includes all creation and in active dialogue with them.

Key words: Imayo songs, the flexible ego compensating for the inflexible ego, the way of being of the human mentality in Japan

研究論文

日本神話における二つのシャーマニズムと霊魂観
米という象徴からみた精神療法

深 津 尚 史

医療法人同心会杉田病院

1 はじめに

　Eliade によれば、神話は動物・植物・物体の起源を語り、それらを操作する呪力を持つ（Eliade, 1963/1973, pp.20–25）。シャーマンはこうした呪力を操る宗教的職能者であり、神話を唱え、神霊と直接交流することで、病人を癒す（同, pp.37–38）。そのため、Ellenberger は精神療法の起源をシャーマニズムに求めた（Ellenberger, 1970/1980）。

　一方、日本の宗教的行事でも、お祓いのために祓詞や大祓詞などの祝詞が唱えられ（大島他, 2000, p.4）、その力は神話が記す起源の想起から生まれると考えられる。こうした神話性を帯びたイメージと関わりながら、日本でユング派精神療法を行うためには、日本神話をシャーマニズムの観点から一度捉え直す必要があるだろう。

　しかし、日本のシャーマニズムの起源は単一ではなく、民俗・言語・神話と同じく多民族による起源が混合している可能性がある。Blacker は、日本のシャーマニズムの起源が北方と南方の二つの文化にあるとした（Blacker, 1975/1995, 上巻 p.13）。

　今回、古事記に脱魂型と憑霊型という二つのシャーマニズム技法を読み取り、日本人の多民族性を反映した霊魂観・自然観・ケガレ観の二重性を検討する。そして、米の霊力の起源をシャーマニズムの二重性に求め、こ

うしたイメージからうつ病事例の精神療法を提示したい。

2　二つの霊魂観と二つのシャーマニズム

(1)　二つの霊魂観からみた自然観

　古代人の霊魂観には、遊離霊と生命霊の二つの像がある。遊離霊は身体から遊離し、死後も存続する霊魂であるのに対し、生命霊は身体と結びついた生命力である。例えば、メラネシア人のマナは、物から物に呪力が感染する生命霊である（土橋, 1990, pp.4-7）。
　イギリスの人類学者 Tylor は霊魂の存在を認める自然観をアニミズム（animism）と呼び、原始宗教の基本に据えた（土橋, 1990, p.6）。Tylor のアニミズムの説明によれば、遊離霊は夢に登場する夢人物と同一であり、ヒトの姿をした遊離霊が肉体を離れて動植物の肉体に付着すると、その自然物になる（久保田, 2008）。紀元前3世紀の古代中国のテキスト『荘子』は、宋の元君の夢に神亀の霊が夢人物として現れた話を記し（金谷, 1971, 第四冊 p.20）、Tylor のアニミズムを表すといえる。Tylor のアニミズムの霊魂観は自然物の肉体を行き交うヒトの姿をした遊離霊に注目し、霊魂と肉体の二元論を前提とした自然観が背景にあるといえる。
　しかし、霊魂観が異なれば、アニミズムという自然観も異なるはずである。岩田はアニミズムを「カミとヒトとの直接無媒介の対応」と定義し（岩田, 1973, p.260）、「ヒトが草となってそよぎ、石が花となって咲く」という自然観と捉えた（同, p.278）。岩田は Tylor のように霊魂と肉体の分離からアニミズムを説明せず、ヒトと動植物は混然一体となった生命霊を「地」として共有しており、ヒトという形の「柄」を得るとヒトになり、動植物の形の「柄」を得ると、その自然物になると説明した（長谷, 2009）。
　『荘子』は、荘子自身が川で泳ぐ魚の楽しみを「直接無媒介」的に感受

する話を記し（金谷, 1971, 第二冊 p.282）、岩田のアニミズムを表すといえる。この話に従えば、荘子が魚の楽しみを知る体験とは、「荘子が魚となって泳ぐ」体験であり、「ヒトが草となってそよぎ、石が花となって咲く」という体験に通じる。すると、岩田のアニミズムの霊魂観はヒトと動植物を「直接無媒介」的につなぐ生命霊に注目し、「草木虫魚が草木虫魚のままでカミ」であるような霊魂＝肉体の一体性を前提とする自然観が背景にあるといえる。

(2) 二つの霊魂観からみたシャーマニズム

シャーマンは「予言・祭儀・治病などのために神霊と直接交流する」宗教的職能者であり、シャーマニズムは「シャーマンを中心とする超自然観・世界観・儀礼などからなる呪術－宗教的形態」である。シャーマニズムは霊魂観の違いから、脱魂型（ecstasy）と憑霊型（possession）という二つの技法に分けられる（日本文化人類学会, 2009, p.468）。

脱魂型は、シャーマンが変性意識状態の中で霊魂を肉体から遊離させる技法である。肉体から離れたシャーマンの霊魂は、霊的世界を訪れ、神霊や死者と主体性を持って交流する。前述した『荘子』の話では、元君が夢の中でヒトの姿をした亀の遊離霊と直接対話し、主体性を持って交流する。そのため、脱魂型シャーマニズムの霊魂観は、肉体から分離した遊離霊であり、Tylor のアニミズムに対応するといえる（Ellenberger, 1970/1980, 上巻 p.5）。Eliade はシャーマニズムを「ecstasy（脱魂）の始原的な諸技術」と定義し、「死者や悪魔や自然の精霊の道具となることなしに、それらと交通することができる」と述べて、シャーマンの主体性を重視し、シベリアなどの北方アジアや中央アジアに分布する脱魂型をシャーマニズムの典型例とした（Eliade, 1968/2004, 上巻 pp.42-44）。

一方、憑霊型は、変性意識状態に没入したシャーマンの肉体に神霊を憑依させる技法である。シャーマンはカミとの「直接無媒介の対応」を果たし、自らの肉体に神霊や精霊を受動的に憑依させ、その意思を感受して予言や託宣を下す。前述した『荘子』の話では、魚は魚のままでカミであり、

荘子は魚となって泳ぐことで「直接無媒介」的に魚の楽しみを感受する。そのため、憑霊型シャーマニズムの霊魂観は霊魂＝肉体の一体性を前提とする生命霊であり、岩田のアニミズムに対応するといえる。しかし、Eliade は「シャーマンは、例えば、憑霊者と違うことが容易に知られる」と述べ、主体性が明確でない憑霊型をシャーマニズムに含めることに懐疑的であった（同, 上巻 p.44）。

　民族学的研究によれば、脱魂型は狩猟民文化が優勢な北方アジアで目立つのに対し、憑霊型は農耕民文化が優勢な南方アジアで目立つ傾向があり（大林, 1991, p.140）、シャーマニズムの違いは文化の違いを反映する可能性がある。大林（1991）によれば、北方－狩猟民文化では、ヒトは自然に従いながらも、動物を殺さなければないジレンマに陥り、殺した動物の骨に遊離霊を呼び戻すため、霊魂と肉体の二元論を採用する。例えば、アイヌの熊祭は熊の骨を祭壇に飾り、その遊離霊を霊的世界に送り返す儀式である。一方、南方－農耕民文化では、生と死が自然の変転に組み込まれ、死者の肉体の崩壊が霊魂と肉体の分離に結びつかない。そのため、穀物のシンボリズムでは古い肉体から新しい生命霊が復活する霊魂＝肉体の一体性が認められる。例えば、インドネシアでは、稲に生命霊が宿ると信じられ、開花した稲を身ごもった母親のように扱った（Frazer, 1890/1994, p.229）。

(3)　古代日本の霊魂観とシャーマニズム

　霊魂を意味する古代日本語には、古代中国の漢字「靈」が当てられたが、この漢字は元来シャーマンが歌舞する雨請いの儀式を表した（白川, 1994, p.899）。土橋（1990）によれば、古代日本の霊魂観は霊力や呪力といった生命霊の意味合いが強く、古代日本語では、ヒ・チ・イ・ミといった一音節の古語が生命霊を表した。ヒは霊力を表し、ムスヒは「自然生成する（ムス）霊力（ヒ）」である。また、チは力・血・乳につながり、火の神カグツチやヤマタノオロチのような自然神の名に用いられた。イは生命を表し、イノチは「生命（イ）の力（チ）」である。ミは蛇（ミ）や海の精霊

ワダツミのような精霊を指した。

　日本の古代信仰では、樹木・鳥・雲・太陽などの自然、木綿垂（現在の御幣）・注連縄・勾玉・剣・鏡などのモノを崇拝した。（土橋, 1990, p.7）。日本人にとってカミは畏敬や畏怖の念を引き起こす姿形を持たない生命霊であり、他の物に「直接無媒介」的に宿り、宿る対象が樹木や岩などの自然物の場合には「依代」、ヒトの場合には「憑坐」と呼ばれた。チハヤブルという枕詞はカミの霊威を表すチの活動を表し（同, p.145）、祟りという語は「風立つ」などのタツ（顕つ）を語根としたカミの霊威の発動を意味した（大森, 2007, p.257）。

　やがて、霊魂を表す古代日本語として、二音節のタマが用いられるようになると、日本人の霊魂観は生命霊だけでなく、遊離霊の意味合いも持つようになった。例えば、タマフリは生命霊のタマを振り動かして活力を与える魂振りの呪術であるのに対し、タマシヅメは遊離霊のタマが肉体から離れるのを防ぐ鎮魂の呪法を意味した（土橋, 1990, pp.9-14）。現代日本語では遊離霊である霊魂をタマシヒと呼ぶが、本来は遊離霊のタマと区別するために、タマに生命霊のヒを添えた生命霊を表す語であった（同, pp.21-22）。そのため、日本人の霊魂観の特徴は、タマシヒというイメージが表すように、遊離霊と生命霊という二つの霊魂像が動的に変化する点にあるといえる。

　タマシヒが表す遊離霊と生命霊の二つの霊魂像に対応し、日本のシャーマニズムには脱魂型と憑霊型という二つの技法があり、Blackerは行者と巫女という二つのシャーマン像を提示した。行者は自らの魂を他界に投射し悪霊を追い払う脱魂型シャーマニズムを行い、巫女は体内に霊を憑依させる憑霊型シャーマニズムを行う（Blacker, 1975/1995, 上巻 p.5）。そして、Blackerは日本のシャーマニズムの起源について、脱魂型を北からの狩猟民文化に、憑霊型を南からの農耕民文化に求めた（同, 上巻 p.13）。

3　古事記に読み取る二つのシャーマニズム

(1)　古代日本の狩猟民文化と稲作文化

　Blackerは日本のシャーマニズムの起源を、有史以前に合流した二つの文化の流れに求めた。一つは北からの狩猟民文化であり、アジア東北部のツングース系と南満州または朝鮮からのアルタイ系から派生し、もう一つは南からの農耕民文化であり、中国南部・ポリネシア・メラネシアから派生した（Blacker, 1975/1995, 上巻 p.13）。同様に、古田（2010）は、鶴を北から日本に飛来する霊鳥、亀を南から日本に産卵に訪れる霊獣と捉え、日本人の鶴と亀のイメージを北方と南方からの二つの文化に関連づけた。
　原田（2005）によれば、日本では農耕の開始以前に狩猟民的生活様式が確立し、縄文時代には鳥・鹿・猪などの肉が食用となり、イモ類の半栽培や焼畑耕作といった原初的な農耕が始まっていた。そして、弥生時代に水田稲作の技術が導入されると、高い生産力が国家の成立につながった。すると、遊離霊と生命霊という日本人の二つの霊魂像は狩猟民と農耕民の二つの文化から成る日本人の多民族性を反映すると考えられる。
　そして、古代世界では、稲作の豊穣儀礼として、肉を供犠する信仰と肉食を禁忌とする信仰があった。肉を供犠する信仰の例として、鳥越（1995）は中国の少数民族に稲の豊穣儀礼としての首狩りの習俗があったと指摘した。しかし、日本では肉食を禁忌とする信仰が採用され、天武天皇四年（675年）に肉食禁止令が発布された（原田, 2007）。701年に大宝律令が定められて以来、律令の条文も租・庸・調の制度も知らない民衆から、国家が租税を収取できたのは、稲の霊力に対する信仰があったからといえる（義江, 1996, p.34）。そのため、日本神話の成立には稲作を推進させる国家の意図が関与し（原田, 2005, p.52）、稲の霊力の根拠となる起源神話が記されていると考えられる。

(2) 女神の死にまつわる二つの日本神話

　8世紀初頭に編纂された古事記は、女神の死を語る神話を二つ記す。一つは黄泉国のイザナミ神話であり、もう一つは穀物の女神オオゲツヒメ神話である。イザナミ神話では、夫イザナギは火の神カグツチの出産後に亡くなった妻イザナミに会うために、黄泉国を訪れる。

> （伊邪那岐命は）ここにその妹伊邪那美命を相見むと欲ひて、黄泉國に追ひ往きき。ここに殿の騰戸より出で向かへし時……伊邪那美命答へ白ししく、「悔しきかも、速く来ずて。」……かく白してその殿の内に還り入りし間、甚久しく待ち難たまひき。故、左の御角髪に刺せる湯津津間櫛の男柱一箇取り闕きて、一つ火燭して入り見たまひし時、蛆たかれころろきて、頭には大雷居り、胸には火雷居り、腹には黒雷居り、陰には拆雷居り……。(倉野校注, 1963)

　イザナギは肉体が腐敗したイザナミから逃れ、黄泉比良坂を千引石で塞ぐ。そして、禊ぎをすると、左目からは太陽神アマテラス、右目からは月神ツクヨミが生まれる。

　一方、古事記はオオゲツヒメを四国の阿波国の名前として最初に記す。そして、天の石屋戸神話の後にスサノオに殺され、その死体から稲などの穀物が生まれる。そのため、オオゲツヒメ神話は稲の起源神話といえる。

> 速須佐の男、その態に立ち伺ひて、穢汚くして奉るとおもほして、その大気都比売の神を殺したまひき。かれ殺されましし神の身に生れる物は、頭に蚕生り、二つの目に稲種生り、二つの耳に粟生り、鼻に小豆なり、陰に麦なり、尻に大豆生りき。(倉野校注, 1963)

　大林（1973）が指摘したように、二つの神話では類似したモチーフが反復する。第一に男神の創造のモチーフである。イザナミ神話では、イザナギが天と地を分離し、太陽と月という宇宙秩序を創造する。一方、オオゲ

ツヒメ神話では、スサノオがオオゲツヒメの死体から農耕文化を創造する。第二に女神の死のモチーフであり、男神による創造行為が女神の死を媒介とする。第三に肉体部位からの発生のモチーフである。イザナミ神話では、男神の肉体から太陽と月が生まれ、オオゲツヒメ神話では、女神の肉体から穀物が生まれる。

　しかし、二つの神話には違いもある。第一に、イザナミ神話では、男神イザナギが黄泉国を主体的に訪れるが、オオゲツヒメ神話では、男神スサノオが感情のおもむくままに行動する。第二に、イザナミ神話では、死んだ女神が霊魂と肉体に分離するが、オオゲツヒメ神話では、死んだ女神から穀物が生まれ、霊魂と肉体の明確な二元論が認められない。第三に、イザナミ神話では殿舎の扉や千引石により黄泉国にコスモロジーが構成されるが、オオゲツヒメ神話ではこうした構造が認められない。

(3)　イザナミ神話と脱魂型シャーマニズム

　Eliade は北方シャーマニズムの特徴として、①遊離霊による脱魂型、②死者の霊魂と肉体の分離、③霊的世界のコスモロジー、を挙げた（Eliade, 1968/2004, 上巻 pp.88-91）。すると、イザナギが黄泉国を訪れるイザナミ神話は、北方-狩猟民文化の脱魂型シャーマニズムと類似するといえる。また、ロシアの昔話学者 Propp（Пропп, 1946/1983）に従えば、ロシアの魔法昔話は北方シャーマニズムの内容を表しており、イザナミ神話に通じる物語構造を持っている。

　まず、ロシアの魔法昔話では、死とは魔女ヤガーに呑みこまれることである。主人公のシャーマンは呪力を獲得するために、ヤガーに呑みこまれ一度死に、遊離霊となってあの世を旅する必要がある。一方、イザナミ神話では、イザナギが遊離霊となり主体性を持って黄泉国を訪れる。そして、ヤガーは老婆であると同時に動物霊でもあり、あの世の扉は動物の口の形を留めているという。一方、イザナミ神話の殿舎の扉はイザナミの声を発し、口のイメージを残していると解釈できる。

　さらに、ロシアの魔法昔話の「禁じられた物置」の中にあるのは、馬・

犬・鳥などの動物、鎖につながれた大蛇、八つ裂きの死体、切り落とされた手足などであり、Propp は死者が復活する過程を表すと分析する。つまり、古代のある発展段階では、死は動物に戻ることを意味したが、死の観念が発達すると死者のイメージが動物からヒトに発展し、その中間段階として肉体の一部が骸骨化した死体が登場するという。そのため、ヤガーの姿はやせこけた背中・ぶよぶよの肉体・もろい骨・虫の喰った背中といった腐敗性を特徴とし、イザナミもヤガーと同じように蛆が湧いた姿をしている。

以上のことから、イザナミ神話では、遊離霊である男神が主体的に死者の世界を訪れ、腐敗した女神の姿を通じて霊魂と肉体の二元論に直面する構造が読み取れる。そのため、イザナミ神話は北方－狩猟民文化の脱魂型シャーマニズムを反映すると理解できる。

(4) オオゲツヒメ神話と憑霊型シャーマニズム

オオゲツヒメは男神に殺されると、その死体から五穀が生まれ、両目からは稲が生まれる。吉田（2007）はこの神話をハイヌウェレ型神話と分析した。インドネシアのウェマーレ族の神話は、少女ハイヌウェレが島の人々に殺され、その死体からイモなどの球根植物が誕生したと伝える。そのため、女神の分断された肉体から農作物が発生するモチーフの神話はハイヌウェレ型神話と呼ばれ、インドネシアからメラネシア、ポリネシアを経て南米に至る南方－農耕民文化の地帯に流布する。

一方、大林（1973）は、ハイヌウェレ型神話では死体からイモなどの球根植物が発生するのに対し、オオゲツヒメ神話では穀物が発生する違いに注目し、オオゲツヒメ神話が縄文末期に中国南部から日本に伝来した粟を中心とした焼畑耕作文化を表す説を唱えた。大林は、その根拠として、第一に古事記は四国の阿波（アワ）の国の別名をオオゲツヒメと記し、オオゲツヒメは粟（アワ）の女神といえること、第二に古事記は火の神カグツチが女神から生まれる火の起源神話を記すこと、第三に盤古というアントロポスから世界が創造される中国南部の神話がオオゲツヒメ神話と類似す

ることを挙げた。

　オオゲツヒメ神話は稲の起源神話であるが、コスモロジーと呼べる構造がない。しかし、古事記はその直前に天の石屋戸神話を記し、両神話において女神が男神の霊力を感受するモチーフが反復する。すなわち、天の石屋戸神話ではアマテラスがスサノオの罪によって天の石屋戸に籠り、オオゲツヒメ神話ではオオゲツヒメがスサノオによって殺される。

　そして、天の石屋戸神話は「天宇受賣命、……天の石屋戸に槽伏せて踏み轟こし、神懸りして、胸乳をかき出で裳緒を陰に押し垂れき」（倉野校注, 1963）と記し、アメノウズメが神懸り（カムガカリ）という憑霊型シャーマニズムを行い、太陽の女神を地上に連れ出した。土橋によれば、アメノウズメは槽の上で足を踏み鳴らし、女体を露出することで、太陽の生命霊を回復させるタマフリの呪術を行ったという（土橋, 1990, pp.13-14）。

　つまり、オオゲツヒメ神話では、女神が男神の霊力を感受することで、古い肉体から新しい生命霊を復活させる穀物のシンボリズムが読み取れる。そのため、オオゲツヒメ神話は南方－農耕民文化の憑霊型シャーマニズムを反映すると理解できる。

(5) 天と地をつなぐ稲のシンボリズム

　風土記が記す「餅の的」の話は稲の起源神話と関係するといえる。例えば、『山城国風土記逸文』は、古代日本の渡来氏族である秦氏が、餅でつくった的に弓を射たところ、餅は白鳥になって飛び去り、イナリ山の峯に止まって稲になったという伝承を記す（吉野, 1980, p.96）。この話では、稲は餅から白鳥に変化し、天と地をつなぐシンボリズムを表す。

　「力餅」といわれるように、餅は霊力を持つ神聖な食物であり（柳田, 1977, p.34）、生命霊の象徴である。また、餅に矢を射る行為は風土記では罪とされるが、本来は陰陽五行の火の呪術と関係した可能性がある（吉野, 1980, p.117）。おそらく焼畑に火が放つ行為が、風土記では餅の的に矢を射る行為に、古事記では粟の女神が男神の霊力を感受する行為に見立てられ、五穀の起源になったと推測される。つまり、穀物の起源神話は本来憑

霊型シャーマニズムのモチーフと関係したと考えられる。

　しかし、日本人にとって、稲は他の穀物と違う特別な植物である。稲には稲魂という遊離霊が宿ると信じられ、稲魂は白鳥のイメージで表現された（堂野前, 2009）。「餅の的」の話によれば、稲は焼畑に火を放つ行為から生まれた単なる穀物の生命霊ではなく、白鳥という遊離霊に変化しており、タマシヒのような生命霊と遊離霊の二重性を示している。

　一方、古事記では、女神が火の神カグツチの出産で命を落としており、火は生命霊を枯渇させるケガレになる（波平, 2009, p.188）。しかし、男神は火のケガレをイニシエーションとして受容し、脱魂型シャーマニズムのモチーフを展開させる。つまり、男神は主体性を持った遊離霊に変化し、肉体が腐敗した女神の恐ろしい姿を目撃する。すると、日本の稲の起源神話では、憑霊型シャーマニズムのモチーフをさらに強化するために、脱魂型シャーマニズムのモチーフが裏打ちされているのではなかろうか。

　鳥居竜蔵は古事記のイザナミ神話とオオゲツヒメ神話を取り上げ、「目から稲が出たということは、天照大御神が伊弉諾尊の御目から生れましたのと同じく貴んだのである」と述べた（大林, 1973, p.46）。つまり、イザナミ神話では、男神の両目から太陽と月が生まれたのに対し、オオゲツヒメ神話では、女神の両目から稲が生まれ、二つの神話はまなざしという象徴でつながっている。しかし、大林（1973）によれば、本来のオオゲツヒメは焼畑文化を象徴する粟の女神であり、両目の稲のモチーフは後に挿入された可能性がある。

　以上のことから、古事記の稲の起源神話には、天と地がまなざしでつながる聖婚のイメージが組み込まれ（Jung, 1955/2000, 上巻 p.141）、太陽と月が稲を照らす光景に見立てられている。つまり、稲のシンボリズムには天と地の対立をつなぐ働きがあり、稲の豊穣儀礼では憑霊型と脱魂型という二つのシャーマニズム技法が連動するのではなかろうか。

4 米という象徴からみた精神療法

(1) 気涸れと穢れという二つのケガレ

　神話は動物や植物などの起源を語ることで、それらを支配・制御する呪力を持つ。例えば、東南アジアのティモールでは、祭祀者が田で稲の起源神話を朗誦し、稲の成長を促す儀式が行われた（Eliade, 1963/1973, pp.20-21）。一方、陰陽道・仏教・神道といった日本の宗教では、祓詞や大祓詞などの祝詞を唱え、ケガレを祓い除く行事が行われてきた（大島他, 2000）。興味深いことに、アマテラスやスサノオといった日本神話を代表する神はイザナギの肉体についたケガレの呪力から生まれる。日本人はケガレを忌み嫌う反面、ケガレから力を獲得し、日本人の精神療法を考える上でケガレは大切なイメージである。

　ケガレは本来「気涸れ」であり、生命霊の枯渇を表すが、後に不法行為や災厄に起因する「穢れ」に意味が変わる（土橋, 1990, p.77）。「穢」という漢字は田の中の雑草を表し、穢れは稲が涸れて雑草が生えた状態を指す（白川, 1994, p.924）。そのため、日本人のケガレ観は、生命霊と遊離霊という霊魂像に対応し、気涸れと穢れの二重性を持つと理解できる。網野義彦は穢れを「人間と自然の均衡のとれた状態に欠損が生じたり、均衡が崩れたりしたときに、人間社会の内部におこる畏れや不安と結びついている」と定義した（網野, 2005, p.90）。網野のいう「人間と自然の均衡がとれた状態」とは、生命霊が「直接無媒介」的にヒトと動植物をつなぐような岩田のアニミズムの自然観を表すと解釈できる。そして、平安時代には動物の殺生や食肉を罪とする穢れ観念が貴族層を中心に根付き（原田, 2005）、日本の狩猟民文化は草木虫魚がカミであるような自然観を脅かす穢れとして、農耕民文化の自然観から排除されていったと考えられる。

　そのため、憑霊型と脱魂型という二つのシャーマニズムを気涸れと穢れという二つのケガレを祓い除く技法に対応させてみたい。稲が涸れ始めた

時、ケガレはまず気涸れである。その時、神話の語り手は、稲の生命霊を補うために、天の石屋戸神話からオオゲツヒメ神話に至る憑霊型シャーマニズムのモチーフを想起する。しかし、それでも稲が回復しない時、気涸れは穢れに変わる。その時、神話の語り手は、イザナギの遊離霊と共に神話を遡り、イザナミ神話の脱魂型シャーマニズムのモチーフを想起する。そして、イザナミの腐敗した姿にケガレの起源を見出し、農耕民文化から排除された古い狩猟民文化の自然観を再発見するのではなかろうか。

　では、ケガレはなぜ呪力を持つのだろうか。Propp（Пропп, 1946/1983）によれば、ロシアの魔法昔話では、動物に変装するモチーフが体を洗わないというモチーフになり、シャーマンは動物霊に変装して正体を隠すために、肉体に煤や泥を塗る風習があったという。つまり、古い狩猟民文化の時代には最も重要な能力は動物を惹きつける呪力だった。シャーマンはこうした呪力を動物霊から手に入れるために、死者の世界に降りていくが、その際に動物の毛皮・歯・髪などを身に着け、動物霊に変装した。すると、動物霊の呪力が携帯したモノに感染し、呪物に変わったという。すると、イザナミ神話でも、動物霊の呪力がイザナギの肉体に付着したケガレに感染し、ケガレが呪力を持ったと解釈できるかもしれない。

(2) 米というメルクリウスの象徴

　Jungによれば、セルフの象徴は全体性の象徴であり、対立するものをつなぐ超越機能を持つ（Jung, 1920/1987, p.516）。Jungはセルフの象徴として、錬金術のメルクリウス（水銀）を挙げ、「金属であるが同時に液体でもあり、物質であるが同時に霊でもあり、冷たいが同時に火と燃え、毒であるが同時に薬でもあり、諸対立を一つに結びつける対立物の合一の象徴」と論じた（Jung, 1944/1976, II巻 p.99）。一方、日本人のタマシヒは「タマ（遊離霊）のヒ（生命霊）」という二重性を持つ霊魂像であり、生命霊と遊離霊の対立をつなぐことから、錬金術のメルクリウスと似た性質を持つといえる。つまり、タマシヒは日本人独自のセルフの象徴であり、二つの霊魂像を動的に変化することで、精神と身体という対立や、生と死と

いう対立をつなぐと考えられる。

　Mindell は、身体にセルフが現れる体験をメルクリウスの精（the spirit Mercurius）と呼び、心理的・生理的プロセスの背後で働く組織化する力と捉えた（Mindell, 1982/2002, p.172）。生命霊は環境に適応するための身体を基盤とした生理的なプロセスであるのに対し、遊離霊は身体とは別の次元で展開する心理的なプロセスと解釈でき、タマシヒは生理的プロセスと心理的プロセスが互いに影響を及ぼし合うプロセスと理解できる。そのため、日本人の精神療法では、タマシヒの現われがそのままセルフの体験となり、様々な対立や葛藤に解決を与える。

　米はこうしたタマシヒの動的な変化を具現化した象徴といえる（柳田, 1977）。「餅の的」の話では、稲穂からこぼれた純白の米が餅というカタマリに凝固 coagulatio した後（Jung, 1955/2000, 上巻 p.155）、白鳥に昇華 sublimatio し（同, 上巻 p.299）、天に飛翔する。そして、白鳥は地に舞い下り、再び稲になる。米はメルクリウスのように変幻自在に形を変え、天と地の対立をつなぐ稲のシンボリズムを支える。そのため、稲が霊力を持つのは、米が日本人のセルフの象徴として機能するためではなかろうか。

(3)　精神療法事例の提示

　今回、うつ病の事例を提示する。30代男性 A は、抑うつ気分、意欲低下、不安感から仕事に行けなくなり、近医のクリニックを受診した。半年以上経っても改善しないため、A は B 病院に転院し、筆者の外来に通院した。A には複数の抗うつ薬が投与され、処方を整理したところ、A は最初の復職を果たした。

　ところが、それから 2 年後、抗うつ薬の減量を始めたところ、うつや不安感が再発し、A は再び仕事に行けなくなった。筆者は抗うつ薬を元の容量に戻し、薬物を調整したが、A はどうしても復職できず、自宅に引き籠もった。そのため、筆者は A に週 1 回50分のユング派精神療法を提案した。しかし、面接では A は見通しのない転職を時折口にするだけで重苦しい沈黙が続き、夢もほとんど見なかった。

数ヶ月経ったある面接で、筆者が週末の出来事を尋ねたところ、Aはぽつりと「小学生の息子と公園でキャッチボールをした」と語った。筆者はこの小さな出来事に注目し、夢を拡充（amplification）するように、息子のこと、野球のことなどを詳細に尋ねた。すると、Aは高校時代に野球部で甲子園を目指していたことを語った。そして、ポジションは外野だったこと、打順は6番だったことを回想し、「なんでこんなことになったのだろう」と吐き捨てた。

　Aは次の面接で夢を初めて報告した。夢は「野球の試合で苦手だった内角低めの球をうまく打てた。打球は高く舞い、ホームランになった」という内容だった。不思議なことに、夢を報告して間もなくAは二度目の復職を果たした。

(4)　事例の考察──まとめに代えて

　本事例の考察をまとめに代えたい。日本人の霊魂観には生命霊と遊離霊という二つの霊魂像があり、憑霊型と脱魂型という二つのシャーマニズム技法に対応するだけでなく、気涸れと穢れという二つのケガレ観とも関係する。うつ病を例にすれば、気涸れは生命霊という生理的プロセスの停滞であり、筆者はまず薬物療法や支持的な精神療法を考慮する。しかし、それでも喪失感や罪悪感が改善しない場合、気涸れは穢れと解釈できる。穢れは自然との一体性が失われた時に生じる恐怖と関係し、遊離霊という心理的プロセスの展開を迫る。その時、筆者は、黄泉国と接触するために、ユング派精神療法の導入を検討する。

　本事例のユング派精神療法は憑霊型シャーマニズムのような様相から始まった。筆者はAの気涸れの中に共に沈み、新しい生命霊が生まれるのをひたすら待った。やがて、Aは息子とのキャッチボールの話を語った。そして、Aは野球に打ち込んだ過去の自分を振り返ると、「なんでこんなことになったのだろう」とつぶやいた。Aは穢れの中に一人で潜っていき、精神療法は脱魂型シャーマニズムのような様相に展開したと筆者には感じられた。

すると、Aは野球の夢を見た。夢に現われた白い「球」はタマシヒに通じ、米という象徴を連想できる。Aは気涸れという生命霊の問題を抱え、「内角低め」という身体に最も近い部位が苦手であったが、Aはその球をうまく打つ。打球は遊離霊のように高く上がり、天と地の対立、すなわち心理的なプロセスと生理的なプロセスの対立をつないだ。「ホームラン」とは一周して家に帰ることである。Aは自分の起源神話を穢れの中に再発見し、日常生活に戻ったと筆者は解釈した。

Ellenberger は、憑霊型シャーマニズムを転移関係の解消に（Ellenberger, 1970/1980, 上巻 p.12）、脱魂型シャーマニズムを自我構造の再構築に関係づけた（同, 上巻 p.8）。ユング心理学においても同様に、治療者は二つのシャーマニズムから、すなわち肉体を通じて生命霊を感じる憑霊型と夢を通じて遊離霊と交流する脱魂型の観点から、精神療法の可能性を学ぶことができると筆者は考える。

謝辞：本論文の作成にあたり、ご指導を頂きました河合俊雄先生に深謝いたします。

文　献

網野義彦（2005）．日本の歴史をよみなおす　ちくま学術文庫

Blacker, C. (1975). *The Catalpa Bow: A Study of Shamanistic Practices in Japan*. London: George Allen & Unwin.（秋山さと子（訳）（1995）．あずさ弓──日本におけるシャーマン的行為（上）（下）　岩波書店）

堂野前彰子（2009）．海から寄り来るもの──伊雑宮御田植祭の神話世界　古代学研究所紀要, 8, 1-8．

Eliade, M. (1963). *Myth and Reality*. New York: Harper & Row.（中村恭子（訳）（1973）．神話と現実　せりか書房）

Eliade, M. (1968). *Le Chamanisme*. Paris: Editions Payot.（1992）. Editions Payot & Rivages.（堀一郎（訳）（2004）．シャーマニズム（上）（下）　ちくま学芸文庫）

Ellenberger, H. F. (1970). *The Discovery of the Unconscious: The History and Evolution of Dynamic Psychiatry*. New York: Basic Books.（木村敏・中井久夫（監訳）（1980）．無意識の発見──力動精神医学発達史（上）（下）　弘文堂）

Frazer, J. G. (1890/1978). *The Golden Bough*.（内田昭一郎・吉岡晶子（訳）（1994）．図説　金枝篇　東京書籍）

古田武彦（2010）．盗まれた神話──記・紀の秘密　ミネルヴァ書房

長谷千代子（2009）．アニミズムの語り方──受動的視点からの考察　宗教研究, 83（3）, 741-763．
原田信男（2005）．歴史のなかの米と肉──食物と天皇・差別　平凡社ライブラリー
原田信男（2007）．殺生罪業観の展開と狩猟・漁撈　中村生雄・三浦佑之・赤坂憲雄（編）（2007）．狩猟と供犠の文化誌　森話社　pp.21-51．
岩田慶治（1973）．草木虫魚の人類学──アニミズムの世界　淡交選書
Jung, C. G. (1920). *Psychological Types. CW* 6. Princeton, N.J.: Princeton University Press.（林道義（訳）（1987）．タイプ論　みすず書房）
Jung, C. G. (1944/1951). *Psychologie und Alchemie. GW* 12.（池田紘一・鎌田道生（訳）（1976）．心理学と錬金術Ⅰ・Ⅱ　人文書院）
Jung, C. G. (1955/1968). *Mysterium Coniunctionis: Untersuchungen über die Trennung und Zusammensetzung der seelischen Degensätze in der Alchemie. GW* 14I/II.（池田紘一（訳）（2000）．結合の神秘Ⅰ・Ⅱ　人文書院）
金谷治（1971）．荘子　第一冊～第四冊　岩波文庫
久保田力（2008）．アニミズム発生論理再考──「霊魂」の人類学的思想史　東北芸術工科大学紀要, 15, 80-99．
倉野憲司（校注）（1963）．古事記　岩波文庫
Mindell, A. (1982). *Dreambody: The Body's Role in Revealing the Self*. Santa Monica, CA: Sigo Press.（藤見幸雄（監訳）（2002）．ドリームボディ──自己を明らかにする身体　誠信書房）
波平恵美子（2009）．ケガレ　講談社学術文庫
日本文化人類学会（2009）．文化人類学事典　丸善
大林太良（1973）．稲作の神話　弘文堂
大林太良（1991）．シャマニズム　北方の民族と文化　山川出版社　pp.123-170．
大森亮尚（2007）．日本の怨霊　平凡社
大島敏史・中村幸弘（編著）（2000）．現代人のための祝詞──大祓詞の読み方　右文書院
Пропп, В. Я. (1946). *Исторические корни волшебной сказки*.（斎藤君子（訳）（1983）．魔法昔話の起源　せりか書房）
白川静（1994）．字統　普及版　平凡社
鳥越憲三郎（1995）．稲作儀礼と首狩り　雄山閣出版
土橋寛（1990）．日本語に探る古代信仰──フェティシズムから神道まで　中公新書
柳田国男（1977）．食物と心臓　講談社学術文庫
吉田敦彦（2007）．日本神話の源流　講談社学術文庫
義江彰夫（1996）．神仏習合　岩波新書
吉野裕子（1980）．狐──陰陽五行と稲荷信仰　法政大学出版局

（2015年11月30日受稿　2017年3月22日受理）

● 要約

　霊魂（タマシヒ）という日本の宗教的概念は、精神性と身体性にまたがる互換可能な二つの形式から構成される。前者は遊離霊と呼ばれ、身体から遊離して呪的飛行を経験するのに対し、後者は生命霊（生命エネルギー）と呼ばれ、人類学におけるポリネシアのマナと類似する。古代の日本神話である『古事記』には、脱魂型と憑依型という二種類のシャーマニズムが記され、それぞれが霊魂観の二つの形式と関係すると考えられる。日本神話の神であるイザナギは黄泉国という霊的世界を訪問し、脱魂（エクスタシー）の状態にあるシャーマンを反映するといえる。また、日本神話の女神であるアメノウズメは、太陽のエネルギーを回復させるために、裸になって踊り、意図的に霊に憑依される霊媒のようである。このタマシヒの運動はユング心理学のセルフの象徴として解釈でき、精神と身体の対立をつなぐ機能をもつと考えられる。日本では米はタマシヒを具現化すると信じられ、そのため、錬金術のメルクリウスと類似するシンボリズムを表す。

キーワード：シャーマニズム、アニミズム、霊魂（タマシヒ）

Two Types of Shamanism in Japanese Myth:
Dynamics of Japanese *Tama* between Spirituality and Physicality

FUKATSU, Naofumi

Sugita Hospital

　The Japanese religious concept termed *tama* is composed of two compatible forms that exist between spirituality and physicality. The former refers to the free spirit that can be sent out of the body and experience magical flight, while the latter is vital energy and similar to the Polynesian *mana* seen in anthropology. In the Kojiki, an ancient Japanese myths, two types of shamanism seem to be recorded, ecstasy and possession, which relate respectively to the two forms of *tama*. Izanagi, a Japanese god, made a spiritual journey to the nether regions, which is reflected by a shaman in a state of ecstasy. Amenouzume, a Japanese goddess, had stripped bare and was dancing to renew the energy of sunlight, just as a medium intends to be possessed by spirits. This *tama* dynamics could be interpreted as the symbol of Self in Jungian psychology, which has a function to connect the conflict between soul and body. Rice plants in Japan are believed to embody *tama* and, accordingly, present a symbolism similar to that of Mercurius in alchemy.

Key Words: shamanism, animism, *tama* (Japanese religious concept)

印象記

国際分析心理学会（IAAP）第20回大会印象記

足立正道
新潟青陵大学

　国際分析心理学会（International Association for Analytical Psychology, IAAP）の3年に一度の国際大会（Congress）が2016年8月28日より9月2日まで日本の京都にて催された。会場となった京都市北部にある京都国際会館には、世界47か国から全日参加・部分参加を含め754名が集うことになった。日本国内からは175名もの参加があった。

　ご存知の通り、「分析心理学」というのはユングの提唱した心理学、ユング心理学を意味するものであって、国際大会は我々ユング心理学を学ぶ者にとっては、ユング心理学の現代の展開や動向を多角的に知る上で貴重な機会である。

　今回の大会は、IAAPの大会としては初めてアジア圏での開催となった。このこと自体が、ヨーロッパ・スイス発祥のユング心理学の展開の歴史の上で一つの重要な象徴的事件と受け取られるものではなかったかと思われる。ユング自身は極東を訪れることはなかったが、中国の思想や日本の禅の思想へ強い関心を寄せており、東洋思想の分析の試みを著作として残すと同時に、鈴木大拙の著作の前書きを書いたり、禅の老師との対話の記録を残したりもしている。それらは、ヨーロッパの自我や心の構造についての理論をより大きな枠組みからとらえなおす試みでもあり、またユング心理学の現代的意義を考察する機会でもあった。今回、アジアの中でなぜ日本が最初の開催地となったのか、もっと言えば、なぜ京都なのか、も同様に筆者には興味深く思われた。京都大会のテーマには「Anima Mundi in Transition: Cultural, Cinical and Professional Challenges」が掲げられ、大会の

ロゴとして十牛図の第6図（騎牛帰家）が選ばれていたのは、絶妙に思われた。牛を得た青年が牛にまたがり横笛を吹きつつ家路を辿る場面である。

　今回の京都大会の大会委員長（プログラム委員長）はIAAP副会長でもある京都大学の河合俊雄先生が務められ、また組織委員長は日本ユング派分析家協会（AJAJ）書記の京都大学の田中康裕先生が務められ、ホスト国日本、AJAJの代表としての重責を担われたが、結果的に大会の運営については全体を通して大変好評で、両先生や実働のスタッフの見えない多大なご苦労が結実したものと思われた。様々な文化プログラムも充実しており、逃すのがもったいない企画ばかりで、海外からの出席者はもとより日本人にとっても貴重な機会であった。

　筆者はプレコングレス・ツアーとして企画された天龍寺での文化体験に同行するために、大会期間の2日前に京都に入った。この半日のツアーは人気のプログラムで、参加者も多く、大型観光バス2台に分乗しての移動となった。天龍寺境内では、書道、瞑想、庭の散策、茶道のうち三つを選択して体験し、最後に全員で懐石料理をいただいた。それらに通底する禅の精神とでもいうべきものについて、食事中や帰りのバスの中で活発な議論が交わされていた。

　翌日にはプレコングレスの企画が二つあり、同時に今大会の目玉の一つであるグループ・スーパービジョンのプログラムが午前と午後に二つずつ新しく催された。

　同日夕刻には今大会のオープニング・セレモニーがあり、大勢が集まりグラスを片手にゆったりした歓談の時間をもった。日がゆっくりと落ち、テラスにもたくさん人が出て、京都の山と宝ヶ池の水面の光の変化を楽しんでおられた。

　いよいよ翌日月曜日の午前には大会初日の最初の全体会が催された。大会期間中午前は大きな会場で全体会があるが、初日に登壇されたのが文化人類学者の中沢新一氏であった。個人的な意見になるが、今大会で最も重要な講演であったと思われた。中沢氏は華厳経が古い心理学であること、そしてそれがレンマ科学という西洋の心理学とは異なる基盤をもつことが述べられたが、ユングの著作も丁寧に読まれていることが察せられる内容

であった。西洋近代の意識の一面性を鋭くあぶり出しつつ、いかにしてレンマの科学を獲得できるのかについて、その条件をいくつか明示された。これは我々の臨床に直結する内容であったと思われる。身近な例を挙げれば、投影という現象を考えるときに、一般には、我々の「内側」のことがらが「外側」に投げかけられていると考えられて、根拠としての心を「内側」の「心」に閉じ込めることになるが、実際に起きていることは、「内側か外側か」のみでは説明がつかない、まったく異なる次元が問題になっている。興味のある方は中沢氏の書籍に直接あたっていただきたい。中沢氏の発表によってフロアが活性化した様子がうかがえたが、実際に会場に設えられた二つの質問者用のマイクには質問者の列が途絶えることがなかった。中沢氏の講演に対してパネルディスカッションのために登壇したのは２名とも欧米出身者であったが（H. Atmanspacher 氏と J. Cambray 氏）、一人は中沢氏のカント、デカルトの思想にすでにレンマ科学に通じる種があるという指摘を受けて、かろうじて楽観的になれるという発言をしていた。

翌日火曜日の夕刻には佐渡裕氏と河合俊雄先生の対談と氏の率いるスーパーキッズ・オーケストラの演奏会が河合隼雄財団の企画として催された。河合隼雄先生と佐渡氏の接点については、佐渡氏の書籍においても知ることができるが（例えば『棒を振る人生』）、今回は対談という形で生き生きと個々のエピソードが語られて、会場に来られた方にとって心に深く刻まれる時間となったことと思われる。オーケストラは弦楽器のみであったが、素晴らしく迫力のある演奏であり、客席は一瞬で音楽の世界に飲み込まれた。チャイコフスキーの「弦楽のためのセレナーデ」に始まり、東日本大震災の犠牲となった方々への追悼のために2012年３月９日にパリのノートルダム寺院大聖堂のミサで演奏された曲で閉じられた。友人のイギリス人がこの演奏に感銘を受け、曲目を知りたいとわざわざ尋ねてきた。レスピーギの「リュートのための古風な舞曲とアリア第三組曲」であった。佐渡氏からの深い追悼のお気持ちが察せられた。アンコールもあり、親しみやすい曲も織り込まれた素晴らしい演奏会であった。

翌日水曜日の午後には代議員の会議があり、AJAJ からは４名の代議員

（河合俊雄、田中康裕、豊田園子各先生および筆者。豊田先生は IAAP 倫理委員でもある）が出席した。ここでは、議長 Tom Kelly 会長のもと、様々な重要事項が話し合われたが、IAAP の規約の検討、次回2019年の国際大会の開催地の決定、また役員改選や、IAAP の新しいグループ・メンバーの承認なども含まれていた。役員改選では、決選の末、今期副会長であった河合俊雄先生が IAAP 次期会長に選ばれ、次回の2019年のウィーン国際大会までの3年間の任期を務められることになった。また、名誉会員としてユングのご令孫のお二人や、中沢新一氏、上田閑照氏らが推薦され承認された。ユングのご令孫は学会会場に来ておられたが、お一人にはボーリンゲンのツアーで案内していただいたことがあり、懐かしい再会であった。また、新しいグループ・メンバーや個人の会員の承認がされ、IAAP の発展が感じられたが、AJAJ も過去の国際大会でこのように承認を受けてスタートしたわけで、AJAJ の成り立ちの歴史の一端を知ったような気分を味わった。個人の新規会員としては、南米、中国系、東欧系が多く、今後の動向に期待がわく。

　最終日にはガラ・ディナーが催されたが、会場行きのシャトルバスで、『赤の書』の映画を作成中の映画監督のアメリカ人女性と出会い、食事も同じテーブルで過ごした。70歳代の分析家の父君は、日帰りで広島を往復したのちの参加であった。広島は少なからずアメリカ人たちを引き付けていたようである。

　国際学会は世界を身近に感じることのできる貴重な機会と思われた。河合俊雄先生が会長としてかかわられるウィーン大会にも期待大である。

国際分析心理学会（IAAP）第20回大会印象記

西牧万佐子
山王教育研究所

　国際分析心理学会は1955年に創設され、その第1回大会はユング存命中の1958年にチューリッヒで開催された。そして2016年、アジアで初めてとなる第20回大会が京都で開催された。日本ユング派分析家協会の会員も参加できると知ったほんの半年ほど前まで、自分がそこに参加することになるなど想像もしていなかった。しかし、こうして1週間の大会が終わり、振り返ってみると、それは私にとって思いがけない"steeped in"な体験になった。この体験が、豊かで濃密でアイデアとホスピタリティに満ちた大会プログラムと、世界各国から参加された見ず知らずのはずなのに昔から通じ合っていたようにも感じられる多くの方々と、会場で出会った日本の先輩・友人たち、そして大会全体に漂う緊張感を伴いながらも不思議と心地よくどこか懐かしい雰囲気によるものであったのは間違いない。

　大会開始前の日曜日にはPre-congress Workshopが2クラスとMaster Class of Supervisionが午前午後合わせて4クラス開かれ、私はsupervisionに参加した。参加者はとても多く、groupというよりは学校のひとクラスという雰囲気でしかも多国籍。会場に入る直前まで日本語呼吸であったのが、ここからいきなり英語呼吸に切り替えねばならなくなった。小グループでの意見交換では、英語という負荷に加えて自分の意見を伝えないと何も始まらない状況に置かれ、洗礼を受けた気分になった。大学院時代、泳げない不安を抱えながら初めて臨床のプールに飛び込まねばならなかった頃、我が恩師、ユング派分析家の故織田尚生教授から学んだことは、とにかく水を信頼して身を委ねることであったのを思い出す。織田先生もきっ

とこの大会に参加されていたに違いない。

　連日の午前中には全体会の講演があり、大会テーマ "Anima Mundi in Transition: Cultural, Clinical and Professional Challenges（過渡期を迎えるアニマ・ムンディ——文化的、臨床的、専門的挑戦）" のもと、世界各国から参加された14人の先生方が長年の研究を通じて発見し育んでこられたエスプリをお話しくださった。初日は中沢新一先生が「心のレンマ科学——華厳経の可能性（A Lemma Science of Mind: The Potential of the Kegon (Flower Ornament) Sutra）」について講演され、その後、中沢先生、Harald Atmanspacher 先生、Joseph Cambray 先生による Panel Presentation、「華厳宗とユング心理学におけるエコロジカル・マインドの生成（The Emergence of the Ecological Mind in Hua-Yen/Kegon Buddhism and Jungian Psychology）」があった。水曜日には Youkyeng Lee 先生と豊田園子先生による The Women in Korean and Japanese Fairytales, "Chunhyang" and "Princess Kaguya" の発表があり、豊田先生は「かぐや姫」を担当された。これらの発表はすべて英語で行われたが、参加者にはあらかじめ日本語をはじめ数か国語に翻訳された原稿が USB メモリやネット配信によって配布された。発表後は毎回のように質問や意見を述べる方たちがマイクの前に列をなし、また、そのやりとりを見守るフロア全体も「非常に積極的で雄弁な聞き手」であることが、息遣いや拍手から生き生きと伝わってきた。

　午後の時間帯では、月・火・木曜は連日3コマ、金曜は1コマの Breakout Sessions が開催された。毎時間ごとに多くの発表がある中から参加する一つを選ばねばならないのは大変残念だったが、参加したいずれの Session も熱のこもった大変興味深い内容で、大いに刺激を受けた。例えば Doris Lier 先生による "How can a Human Being refer to Anima Mundi?"、竹中菜苗先生による「日本の若者のひきこもり」についての新たな視点の提示などである。また事例を扱った発表は、言語の壁を越えて身近なものとして受け取ることができた。例えば、Carlo Melodia 先生は存在感溢れる粘土作品が作られた事例を発表された。また Eva Pattis Zoja 先生はアイテムを置かず砂だけで表現された箱庭の事例を発表されたが、初めは湿った砂の上に指で「人の輪郭」を描いたクライエントが、次には「人の形を

した島のような塊」を作り、最後にそれが砂箱の上に立ち上がって（砂を固めて）「立体的な人間」になった時には、思わず涙が出そうになった。

　大会ではこの他に Poster-Sessions も行われた。Break-out Sessions もそうだが、限られた時間ですべてを回ることができなかったこともあり、また大会後に改めて通読できるという意味でも、あらかじめ USB やネット配信で提供された資料があったことは大変ありがたかった。

　毎夜開かれた Evening Events は、知的・論理的に学ぶだけでなく、「自分」を入れ込み "steeped in" することから始まる臨床を生業とする学会にふさわしい、しかもそれを学会の枠を超えて出演者や一般の方々と共に味わうことができる、楽しく貴重な体験だった。淡路人形浄瑠璃、「佐渡裕さんにきく河合隼雄の思い出」とスーパーキッズ・オーケストラのミニコンサート、映画『羅生門』と『千と千尋の神隠し』の上映、Members' Gala が催され、大変盛況だった。中でも私はスーパーキッズ・オーケストラの息をのむような素晴らしい演奏から、音楽という宝物を全身に受ける幸福を味わった。佐渡さんの指揮はオーケストラだけでなく会場全体に、そして会場を超えて隼雄先生やユング先生のおられるところにまでもすっかり届いていたことは間違いない。

　最後に、私には非常に "steeped in" な体験であった「坐禅」について記してみたい。連日早朝に Zen Meditation と Social Dreaming を体験できる時間が設けられ、私は Zen に参加した。京都妙心寺退蔵院の松山大耕先生が会場まで連日足を運ばれ、大変わかりやすく美しい英語で「禅」についての講話をされたあと、私たちを坐禅へと導いてくださった。参加者のほとんどは海外の方だったが、驚いたのは、すでに坐禅に慣れておられるような方たちばかりで、中には my zabuton を持参される方もあったということである。私は日本で何度か坐禅を体験したことがあるが、今回ほど心地よい空気の中ですっと集中に入っていけたことはなかった。坐禅はまず坐る姿勢を調え（調身）、仄暗い明かりの中で目を薄く開き、呼吸を調え（調息）、心を調える（調心）。本格的に坐る前にまず全員が立ち上がり、姿勢と呼吸と心を崩さないように歩く、ということをした。歩き始めて、私は思わず周りのペースに合わせようとする自分に気づく。そしてこれが

行進やダンスではなく、集中すべきなのは自分の内側だけであることを思い出す。私は本当の意味で坐ることなど到底できないのだが、それにも増して歩くことがいかに難しいかを知った。体を動かしていると絶えず外界と動きながら接触することになるし、何よりも自分の体が均一な動きなど決してしてくれないからである。「調心」は "Sit with a feeling of complete openness. Look into the source of the mind as it is prior to thought." と説明されていた。中沢新一先生が話されていた、仏教は人類最古の心理学であり、西洋が「ロゴス」を尊重したのに対して仏教では言語によらず直観によって全体をいちどきに理解する「レンマ」による論理を打ち立てようとしてきたこと、それを「不生不滅」「不断不常」「不一不異」「不来不出」の四つの認識を実在の真のありかたであるところの「縁起」として説いていること、レンマはロゴスの拡張であると見ることも可能であること、等が思い起こされる。坐っている間、私の頭の中には絶えず妄想が去来し「無」になることなどなかった。しかし、complete openness ということは「無」であると同時に「常にどんなものでも入って出ていくことが可能」な状態ではないか、「無は充溢に等しい」とユングが言ったのはこういうことなのではないのか、「無」と言ってしまえばそれは固定されて「有」になってしまう、そうではなく、絶えず動いているもの、Hesse が Siddhartha の最後で語っていたのはそういうことなのではないか。そんなことを考えているとたちまち呼吸は乱れ、また一からのやり直し。しかし私にはとても満ち足りた時間だった。

　これだけの大会を企画し運営するというご苦労がどれほどのものなのかは、私の想像のはるかに及ばないところですが、このような貴重な機会を与えてくださいました先生方に深く感謝を申し上げます。

日本ユング心理学会第5回大会印象記

西垣紀子
順天堂大学医学部附属順天堂医院母子医育支援センター

　2016年6月11日と12日の2日間にわたって、東京・目白の学習院大学にて開催された日本ユング心理学会第5回大会に参加した。梅雨時期にもかかわらず降雨もなく、木々の緑の気持ち良いキャンパスの中、ぞくぞくと集まってくる参加者の多さに驚きながら、どのような発表やディスカッションがおこなわれるのか、たのしみに会場へ向かった。

　初日は、4つのコースに分かれてのワークショップから始まった。筆者は猪股剛先生の「心理療法と偶然性」と題されたワークショップに参加した。日ごろの臨床実践の中で、「偶然」がもたらすインパクトの大きさや、その重要性を体感してはいるものの、それをどのように理解しておくことができるのかという関心からの参加であった。

　猪股先生は冒頭の講義の中で、「偶然の一致」は、空間と時間における複数の出来事の間に見られる特異な相互関係であるとされた。つまり、出来事の時系列的な関係を見る因果性と、出来事のある瞬間における連合を見る共時性の両方を見ているのが心理療法であり、そのふたつが重なったとき「偶然の一致」として私たちに体験されるという。このように「偶然」を考える上でもやはり治療者の態度や視点のあり方が問題になってくるところが興味深く、またさらに、「偶然の一致」としての体験は治療者にとっての多層的な視点の出会いであるという説明は筆者にとって刺激的で、あらためてこれまでの体験を見直してみたくなった。

　つづく事例検討では、ひかげ洞カウンセリングの柴田久美子先生が事例を発表された。このケースは、クライエントのもつ力とイメージの豊かな

展開が感じられるプレイセラピーで、プレイの様子と現実で生じる出来事とを非常に連関をもって聴くことのできる感じがあった。猪股先生はケースの展開について、「無意識的に主体性を立てていく動きが生じていたのではないか」とおっしゃっていたと記憶している。柴田先生はタロットにも精通しておられ、後半は柴田先生によるタロットの解説の後、その場に呈示された3枚のタロットを参加者それぞれが自分なりに読み込んでみるという、体験型のワークショップとなった。事例の余韻が残る中での体験であったが、参加してみて、その場に生じたものに、どれだけ、どのようにコミットできるかという、日ごろの臨床場面でつかっている心の動きにつながるものを体験したように感じられた。猪股先生は「主体性」について、歴史的には「魂」という言葉をかき消すために登場してきたが、現代のユング心理学では「主体性」の中に「主体」と「魂」がどう同居しているかという心理学的見直しが行われている、ともコメントされていたが、振り返ってみれば、ワークショップ全体を通じて、このテーマがさまざまに繰り返されていたようにも思う。

　11日の午後には、学習院大学の赤坂憲雄先生が基調講演をされたプレコングレスが行われた。テーマは「海の彼方より訪れしものたち」というものである。シンポジストは日本ユング心理学会理事長の川戸圓先生と京都大学こころの未来研究センターの河合俊雄先生であった。

　基調講演は東日本大震災の被災地の写真の呈示から始まり、赤坂先生は津波のあとを歩かれ、そこで考えられたことを足がかりとしてお話を始めてくださった。先生のお話は、先生の体験と、その地での人々の生活や歴史に根付いたもので、迫力があった。同時に、筆者としては自分の中の「海」にまつわる記憶やイメージがさまざまに喚起され触発される感じもあり、なかば圧倒されてお話をうかがっていたところもある。川戸先生や河合先生のコメントでは、そうした赤坂先生のお話で刺激されたものを意識につないでいただくところも多かった。例えば、河合先生の、日本人にとって抽象的な他界はなく、赤坂先生のお話にあった「寄物」や「貝塚」のように具体的なものとして表れやすいように、心理学的には無意識や超越も抽象的でなく具体的なものとして示されやすく、日本で具体的なアイ

テムを扱う箱庭療法が広まっていったところともつながるというコメントは、臨床での実感にもすっとなじんでいくものであった。また、川戸先生は海の底ですべてを抱えてさすらってなくしてくれる女神のお話と、そのような形で自然と関わっている日本人の意識のあり方を示してくださったが、それを踏まえたディスカッションの中ではさらに、「ゴジラ」のように流されて還ってきたものにも議論がおよび、故・河合隼雄先生の論じられたテーマでもあった、流されたヒルコをどう迎えるかという問題にもつながっていった。プレコングレスでは、先生方の導きのもと、このような、難しいけれども普遍的で、個人の意識に深く関わっているテーマにつながっていく感じがあり、そこにユング心理学の領域で扱われる問題のスケールの大きさも感じさせられた。

　２日目には、研究発表とケース・シンポジウムが開催された。研究発表はいずれも興味深く刺激的なものであったが、ここではケース・シンポジウムについて触れたい。

　事例を発表されたのは学習院大学の川嵜克哲先生であった。発表された事例はすでにご著書でも扱っておられるものであったが、夢や描画など豊富なイメージをあらためて先生に呈示していただくことで、またその場での生のディスカッションに参加することで、より理解が深まった参加者も多かったのではないかと想像する。指定討論者は島根大学の岩宮恵子先生と、京都大学の田中康裕先生がつとめられた。先生方のコメントやディスカッションは、クライエントにとっての「シャーマン的資質」と、この方が生きていくことをめぐって展開したと思う。田中先生の言葉によれば、middle land を得、それを広げていくことが、このケースでなされた作業であったと言われた。ディスカッションを聴きながら、筆者としては、描画が単純に内的なものの表現であるということでなく、客観的に共有されうる視点と内的にとらえているものの界面でひらかれていったようなイメージが浮かび、そこにこの女性が意志的に取り組まれ、終えていかれたことに感銘のようなものを受けていた。指定討論者の先生方やフロアの先生方のコメントによって、事例の展開が頭の中で整理して受け止められると同時に、またこの事例らしさ、豊かさといったものも、深まっていったシ

ンポジウムであったと思う。

　両日とも、ケースに触れ、イメージに触れ、大いに刺激を受けた2日間であった。また、個人的には日々臨床をおこない、日常生活を送るすぐ近くの場所で、このように多くの人々がユング心理学を共通項として集まり、それについて議論し学びを深めているということも、あらためて新鮮に感じるところがあった。このような機会となった大会を企画・運営してくださった大会実行委員会の先生方にも感謝申し上げたい。

文献案内

精神医学に関するユング心理学の基礎文献

前田　正
ユング派分析家
常葉大学大学院

　C・G・ユングは、バーゼル大学医学部の最終学年で自分の専門とする科を決めなければならない時に、クラフト－エビングの『精神医学教科書』と出会った。そこにある、精神病は人格の病であるという一文に接し、自身の人格の全体で「人格の病」に立ち向かう著者に衝撃を受け、精神医学に深くひきつけられた。そこでユングは精神科を自分の専門に決め、卒業後、チューリッヒ大学付属ブルクヘルツリ精神病院で、主として統合失調症者の臨床に取り組み、その心理学的理解と心理療法を追求した。当時の精神科医の一般的風潮は、精神病は単に脳の病気で、その妄想は無意味であり、心理的意味はないというものであった。ユングの上司のオイゲン・ブロイラー教授は、統合失調症者の妄想には心理的意味があるとして、初めて耳を傾けた精神科医の１人である。ユングは彼のもとで言語連想実験を進め、フロイトの「夢判断」を統合失調症の妄想の理解に役立てた。その後ユングは、フロイトとの決別・自身の創造の病の時期を経て、分析心理学を確立していった。ユング心理学は、個性化の過程という視点で精神疾患をみてゆく。つまり、人生の今・この時に、この疾患になったのはどのような意味があるのかと「病の意味」を深く問うてゆき、最終的に、ネガティブ・ポジティブ両面を持った病を自身の人生全体の中に統合していく視点である。ユングは統合失調症の病因について、心理的側面と「毒素」（筆者注：脳の機能的側面）の両方を仮定している。現代精神医学は、精神疾患を生物－心理－社会モデルで多角的に捉えており、最新の精神医学研究を進めているアメリカのスティーブン・M・シルバーシュタイン

(Silverstein, S. M.) 教授も、脳科学の時代にあってもユングの心身両面を踏まえた考えは有効であると述べている (Silverstein, 2014)。

ここでは、精神医学に関するユング心理学の文献のうち、主として精神病水準・境界例水準の精神疾患と認知症に関するものについて紹介する。

ユング全集でこの分野に関連する部分は以下の通りである。

第1巻「精神医学研究」
　心霊現象の心理と病理
　ヒステリー誤読について
　潜在記憶
　躁的気分障害について
　拘留中のある囚人にみられるヒステリー性昏迷の事例
　詐病精神病について
　詐病精神病の事例における医学的見解
　相反する二つの精神医学診断における第三の、そして最終的見解
　諸犯罪の心理診断について

第3巻「精神疾患の心因論」
　早発性痴呆の心理
　精神病の内容
　心理学的了解について
　統合失調症の拒絶症についてのブロイラー理論の評価
　精神病理学における無意識の重要性について
　精神疾患とこころ
　統合失調症の心因論
　統合失調症に関する最近の見解
　統合失調症

第5巻「変容の象徴」
　まだ第1巻と第3巻は全訳されていないが、以下、日本語に翻訳された

ユングならびにユング派分析家の本と日本のユング派分析家などの本について触れてゆく。なお、筆者の解説文では、精神分裂病は統合失調症に、痴呆症は認知症に書き直している。

まず最初に、ユング自身の著書を紹介する。

⑴ C・G・ユング『心霊現象の心理と病理』（宇野昌人他訳, 法政大学出版局, 1982）

ユングの医学博士学位論文である。霊媒現象と半夢遊症を呈する15歳半ばの従妹の交霊中の観察に基づいて、無意識の心理学の観点から考察している。彼女を支配する色々な精霊を無意識の人格と解釈し、後年の無意識の自律性の概念の萌芽がうかがわれる。

同時に掲載されている論文「潜在意識」は、半夢遊症状態での精神能力の異常な増進を説明した潜在意識の概念をさらに明確に説明しているものである。

⑵ C・G・ユング『分裂病の心理　新版』（安田一郎訳, 青土社, 1995）

本書には三つの論文が掲載されている。

「早発性痴呆の心理と病理」は、ユングの言語連想実験と臨床観察に基づき、早発性痴呆（現在の統合失調症）の妄想の心理学的理解について論じている。夢と統合失調症の妄想は無数に似たところがあり、統合失調症者の興奮に適切に対応できないのは、病者の連想の原因を理解しないためだとしている。

「精神病の内容」は、前記の論文のダイジェスト版で、病者の妄想の意味について、感情を深く動かした過去の事件・コンプレックスに関係づけて知りうることを示している。

「心理学的了解について」は、フロイト（分析的・還元的方法）とユング（総合的・構成的方法）の「了解」の違いを述べている。

(3) C・G・ユング『変容の象徴——精神分裂病の前駆症状』(野村美紀子訳，筑摩書房，1985　ちくま学芸文庫（1992）もあり)

　アメリカ人女性フランク・ミラー（偽名）の空想報告を基に、統合失調症発病前駆期の臨床的分析を神話的イメージを用いて行った示唆深い書である。内的な世界で低迷していたミラーのエネルギーは、無意識の中で動きまわり、神話的イメージを作り上げて意識上に浮かび上がり、意識を襲って現実との関係を断ってしまう。それにより、後の統合失調症の発病・妄想の発展が引き起こされうる。また、リビドーは単なるエネルギー量ではなく、心の状態に応じて変容するものだとした。本書は、後の元型や集合的無意識の概念の母胎となり、フロイトとの決別の直接の原因となったと言われている。（フランク・ミラーの発病については異説もあるが、統合失調症的心性を集合的無意識レベルから象徴的に理解した貴重な内容である。）

　統合失調症のユング派分析療法に取り組んでいる分析家は、世界全体でも多くはないが、日本の分析家は積極的にこの課題に取り組んでいる。
　日本の分析家による統合失調症治療の著書を示す。

(4) 織田尚生『王権の心理学——ユング心理学と日本神話』(第三文明社，1990)

　心の崩壊に瀕した時、統合失調症者は神話の世界に退行することにより、内的世界の再構築を試みる。その危機からの回復過程において、中心への集中と中心における周回という元型的イメージが出現する。中心における周回には、創造的変容を促進する側面と破壊的変容を促進する側面がある。また、健康と病気の境界領域において、治療者は病者の身代わりとなって、治療促進的に機能し得ると論じている。

(5) 武野俊弥『分裂病の神話——ユング心理学から見た分裂病の世界』(新

曜社, 1994）

　統合失調症の基本的な病理性は自我と無意識の関係性にある。統合失調症者の自我は、「あなた」すなわち親密なる二人称他者として無意識にかかわることができず、無意識を絶対的なよそ者として体験したり（「私－彼」関係）、あるいはそれを他者性の剥奪された自我の単なる一部と化してしまう（「私－私」関係）。また、幻覚妄想などの症状の意味を理解し、病的体験を自身の中に収めて、個人神話を創造していくことが可能になれば、症状は改善しうる。親密な「私－あなた」関係を自我と無意識の間に確立するのにユング派の分析は有効であるとしている。

⑹角野善宏『分裂病の心理療法──治療者の内なる体験の軌跡』（日本評論社, 1998）

　統合失調者には、核となる統合失調症元型から構成された病理性を持つ統合失調症コンプレックスが発生するとする。病者と治療者のそれぞれに内在する統合失調症コンプレックスは、その病理性の相違はあっても、基本的には同じ統合失調症元型が中心となっている。よって、治療者は自分の統合失調症コンプレックスを通じて、病者に対する共感とその治療に向かうことができるという。

⑺前田正『統合失調症の心理療法──ユング心理学・精神医学・仏法からのアプローチ』（第三文明社, 2013）

　ユング心理学・精神医学・東洋哲学（仏法）を統合した統合失調症治療の試論を示した書である。精神医学的治療は、統合失調症元型のネガティブなエネルギーの緩和と、元型に圧倒されていた自我の強化をはかるといえる。ユング派分析療法は、自我と統合失調症元型との良好な関係性を築いていく役割をはたす。東洋哲学により、治療手段（因）と治療結果（果）が同時に成し遂げられる因果倶時を定め、治療全体の布置が導かれうるこ

とを述べている。

次に、うつ病についての著書を示す。

(8) D・ローゼン『うつ病を生き抜くために──夢と絵画でたどる魂の癒し』(横山博監訳, 人文書院, 2000)

　うつ病に対するユング心理学的理解として、エゴサイド（自我殺し）という概念を提唱している。これは、偽りの古い自我を象徴的に殺し、うつ病を創造性によって変容させ、魂を癒し、新たな真の自己の再生に導くということである。うつ病者は、自殺による身体的死ではなく、象徴的な死と再生の過程をユング派の分析療法により成し遂げていく。治療として夢や描画等の芸術を使い、セルフの助けにより、うつ病の自己破壊的エネルギーを創造性に変容させる。ローゼンは、自分自身のエゴサイドの体験と、変容を求めての旅路をした4事例を紹介している。

次は、パーソナリティー障害についての本を取り上げる。

(9) A・グッゲンビュール－クレイグ『魂の荒野』(長井真理訳, 創元社, 1989)

　精神病質（パーソナリティー障害）について独自の見解を示し、現代の支配的な「健康」観を鋭く批判している。1次症状（基礎症状）として、愛する能力の無さ・モラルの不足・心の発達の欠如・背景にある抑うつ・慢性的な背景的不安を挙げ、2次症状（一部の患者にだけ見られる症状）として、罪悪感の欠如・真の洞察の欠如・同情を買う能力・魅力・反社会的な行動・社会的野心を挙げている。そしてエロス機能の欠如こそ、その本質であり、われわれは皆部分的には精神病質であり、人間とはもともと「欠けたもの」なのだと認識することが重要であるとする。治療者には大いなる忍耐が必要であり、治療は、患者がある程度幸福に生きることので

きるような外的状況を、必要に応じて見出すことであると述べている。

⑽ N・シュワルツ – サラント『境界例と想像力――現代分析心理学の技法』（織田尚生監訳, 金剛出版, 1997）

　境界例患者では、心的構造が、融合と乖離とに分裂していて、真の交流は容易でない。融合状態とは、2人の人間の間でそれぞれに生じる過程が分化されていない状態である。さらに治療において、想像力を用いて生じたイメージを分析家と患者の2人で共有することで、コンユンクチオという元型的な結合過程により、対立物とりわけ融合と乖離とが、完全な調和のもとに一体化し、2人の人間の間の相互作用が可能となる。また、コンユンクチオの後に抑うつが起こりうるが、これは錬金術の第1段階である黒化（ニグレド）の状態であり、患者が影の要素を進んで受容できるようになると抑うつは解消して、個性化の過程が進むという。

⑾ M・ヤコービ『個性化とナルシシズム――ユングとコフートの自己の心理学』（山中康裕監修, 高石浩一訳, 創元社, 1997）

　本書では、自己愛パーソナリティー障害をめぐって、コフートの自己心理学の考えと分析心理学の考えが、きわめて接近してきていることを明らかにしている。自己愛パーソナリティー障害を自己実現の障害によるものと考え、治療的アプローチはセルフに起源を持つ個性化への衝動を可能な限り促進することを焦点としている。分析家の治療的活動は以下の二つのステップを踏む。まずは患者の無意識的体験の共感的理解であり、次に心理学的な文脈の中でこの体験にふさわしい意味を説明することであると述べている。

⑿ 秋田巌『さまよえる狂気――精神学からの提言』（創元社, 2012）

　症状とともにある人間存在の畏怖・尊厳・神秘を取り戻す「精神学」を

提唱し、パーソナリティー障害を「神格を求め、人格が障害されている状態」と捉える。人間存在が深く傷を受けると、ある時は狂へと転じ、ある時はその傷こそが「為さねばならぬこと」を指し示し始める。狂に陥らぬため、指示されたものの方向に向かって、苦しい歩みを進み続けた時、Disfigured Hero（破形の英雄・傷を生きる英雄）元型が働き始める。破形の英雄においては、「自らの十字架を背負う」ことがその人をその人たらしめる。そして、自我と影が二重らせん構造のように絡み合い、人間存在が練り上げられていくということである。また、境界性パーソナリティー障害の治療において、行動化を自分で止められるようになる堤防強化法を治療目標としている。

最後に、認知症の心理療法についての本に触れる。

⒀ A・グッゲンビュール－クレイグ『老愚者考――現代の神話についての考察』（山中康裕監訳, 新曜社, 2007）

老いの愚かさを受け入れることは、真の意味で個性化されることを意味する。「老賢者」元型と「老愚者」元型のいずれもがあるのが真実の姿である。「老愚者」は、死の不安に直面し、老いの愚かさを受け入れる。愚かである自由こそが老人に与えられるべきであるという。現代の高齢化社会にとって参考となる書だと思われる。

⒁ 山中康裕『老いのソウロロギー（魂学）――老人臨床での「たましい」の交流録』（有斐閣, 1991）

認知症老人の心理療法では、ただ耳をひたすら傾け、1人ひとりの尊厳を大切にする、という基本姿勢を以て接するだけで、必ずと言っていいほど、人生の中で、キラリと光るその人なりに垣間見た断面を、語ったり、示したりしてくれる。目指すべきは、延命や認知症からの脱却ではなく、彼らの人間としての尊厳を大切にする、ソウル・ケアである。事例をもと

に、空想虚言水準・妄想水準・無意識的身体心像水準の語りを論じ、俳句・短歌療法、箱庭療法、夢分析について論じている。

　以上、精神医学の臨床実践に参考となる、ユング心理学の文献を紹介した。

文　献

Silverstein, S. M. (2014). Jung's views on causes and treatments of schizophrenia in light of current trends in cognitive neuroscience and psychotherapy research. *Journal of Analytical Psychology*, 59.

海外文献

小木曽由佳
東洋英和女学院大学学生相談室

　本稿で紹介するのは、Eva Pattis Zoja の *Sandplay Therapy in Vulnerable Communities: A Jungian Approach*（Routledge, 2011）である。著者のパティス（1952–）は、オーストリア出身で、現在はイタリアを拠点に活動しているユング派の分析家である。本書ももとは母語であるドイツ語によって書かれたものであり、Routledge 版はその英訳にあたる。2016年夏に京都で開催された IAAP（国際分析心理学会）の大会で目にした著者本人は、ぴったりとしたプリントワンピースを颯爽と着こなす長身の女性で、行動的でまっすぐな活力が全身から放たれているような魅力的な人だった。本書全体を貫いているのは、実践家としての彼女のどこまでも地に足の着いたリアリティであり、またすべての対象へと等しく向けられる、溢れるような情愛である。その地と水のような二つの性質が、さながら、水分を豊富に含ませた砂が箱庭の世界を立体的にしていくように、南アフリカや中国、コロンビアにおける "vulnerable communities（被災コミュニティ）" という、一見かなり縁遠くも思われる場面での臨床の姿をありありと描き出し、気づけば読者のすぐ隣まで、グッと引き寄せてしまうのだ。

　「災い」の内容は様々である。スラム街における貧困、犯罪やドラッグの横行する慢性的な情勢不安、家族からの虐待や愛情剥奪、予期せぬ大きな自然災害。場所や状況こそ違えども、そこでは同様に、多くの子どもたちが健康な心の成長を停めて、立ちすくんでいる。1990年代以降、著者たちは世界の様々な地域の学校や孤児院で、そのような子どもたち（時には周りの大人たち）を対象とした心理学的プロジェクトを推進してきた。そ

れは、「危機介入」という局面に対し、ユング派の立場からいかなるアプローチが可能であるかについて知るうえで、大変貴重な実践であると言える。限られた時間と資源の中で、できるだけたくさんの子どもに確実な効果を及ぼすためには、個人を対象とした、いわゆるオーソドックスなユング派の心理療法が必ずしも有効とは限らない。同行する専門家の数は限られており、また場合によっては屋外で行わざるをえないなど、狭義の心理療法には不向きな環境において、短期間で、なおかつ心理学的に意義ある仕事をするにはどうしたらよいか。そこで用いられることになるのが、「箱庭表現法（Expressive Sandwork）」と呼ばれる手法である[注1]。「個人的な心理療法が不可能であるような状況のために」（p.48）、ローウェンフェルト（Lowenfeld, Margaret）の「世界技法（World Technique）」とカルフ（Kalff, Dora）の「箱庭療法（Sandplay）」とを応用して考案されたものだ。ある環境設定のもとで箱庭を導入し、この箱庭というメディアを通じて、「遊びに対する子どもの生来の欲求」（p.49）が十分に賦活されれば、苦痛や不安、恐れといったマイナスの体験に対する「精神的な消化のプロセス」が子どもたちの中で自然に進んでいくのだという。では、その設定とはいかなるものか。以下に見ていくことにする。

対象は、何らかの「困難」を抱えた3歳以上のすべての人。セッションは集団で行い、1人につき1台の砂箱を、適切な距離を空けて設える。近くには、土地の文化をよく考慮した多種類のミニチュアを十分に用意する。「重要なのは、すべての子どもが自分専用の空間を持つこと、お互いのプレイをそう容易には覗き合えないこと、しかし、それぞれが他の子たちの存在を意識していて、それによって守られた感覚が得られていることである」（p.164）。

そして、この子どもたち一人ひとりに対し、必ず1名の大人がつく。すべてのセッションが終了するまで、同じ大人が、担当の子どもの遊びのプロセスにしっかりと寄り添うのだ。この見守り手は、必ずしも心理療法の専門家である必要はない。特定の短い訓練[注2]さえ受ければ、教師でも、心理学や教育学を専攻する学生でも、ソーシャルワーカーやボランティアでも隔てなく、この役目を負うことができる。これが、プロのセラピストの行

う「箱庭療法」との大きな違いである。注意すべきは、彼らには「心理療法的な介入も、問題の解釈や言語化も求められていない」という点である。「複雑な心理力動的、あるいは象徴的連関を理解しているかどうかも問題ではない」。むしろ、そのために子どもの心で起こる「自己制御プロセス」(Jung, *GW* 7) が外に開かれてしまうことのないよう律することこそ重要とされる (pp.48-49)。子どもに対して教育的でも心理学的でもない態度で、しかし、自らのうちに生じる考えや思いに十分に意識を向けながらプロセスを見守り、体験し、時にはその子の自発的な解説に耳を傾ける。そうして作られる「自由で守られた空間」が子どもの表現を（表現しないことも含めて）守り、また彼らに、自らの存在そのものが許され、受け入れられているという確かな感覚を与えることになる。

　さらに、この背後には見守り手を支えるもう一つの安全網が用意されている。セッション後に、ディスカッションの場を設け、箱庭作品の写真や記録をもとに、子どもたちそれぞれについてチームで検討を行うのだ。そこでは、箱庭表現の変化だけでなく、見守り手の主観的な思考や感情が焦点となる。現場が危機状況であるゆえに、単に心のプロセスを守るだけでなく、セッションの外で、子どもの現実生活に対する具体的な行動を起こすことが必要であると強く感じられることも多くあるという。本書で取り扱われる事例においても、プロジェクトのメンバーが危険を察知して、家族のもとを訪れたり、警察に通報したりするなど、現実的な介入をするケースが少なくない。子どもの表現が、ファンタジーの動きによるものなのか、実際に助けを必要とするものなのかを常に見極める必要があるため、見守り手に強くこの衝動が生じた場合には、その是非を皆で話し合うというのだ。

　「箱庭表現法」は、「治療」ではなく、「自由で守られた空間を提供することだけにその領分を限った［…］治療的ケア」(p.38) であると著者は述べる。このプロジェクトの現場は、白い壁に囲まれた静かで安全なプレイルームではない。「自由で守られた空間」というプレイセラピーにおいて自明の基本原理が、ここでは通常よりはるかに強い意味を持つ。危機介入という、心理的にも物理的にもきわめて守りの薄い環境だからこそ、二

重三重の仕掛けを用いて、特別な空間を作り出し、守ることに専心する。それさえ実現できるならば、あとは箱庭という、誰にとってもアクセス可能で、心的内容を3次元の世界として自由に、また安全に具象化することができる卓抜したメディアを通して、「その子自身のこころが自らにとって必要なものを作り出していくことができる」(p.34)と考えるのである。

　本書では、以上に見た「箱庭表現法」を実際に用いた臨床実践の事例が数多く紹介されている。最初に本を手にして、パラパラとページをめくるとき、真っ先に目を引くのは、本のちょうど中間あたりに20ページほど挿入された、カラーの図版セクションである。そこには、世界中の様々な地域で作られた箱庭作品がたっぷりと掲載されている。手で念入りに捏ねて作ったのであろう土臭い大地に、針金に布を巻いだだけの簡素な人形が儀式的に置かれたり、藁や石や木の端くれで大きな家が築かれたり、原色の車や戦士のミニチュアが砂箱の縁まで使ってしつこく並べられたり、アイテムを一切使わずに、砂にさらりとつけた線で不吉な顔の表象が盤上いっぱいに描かれたり。日本の箱庭作品ばかりを見慣れた目には、それだけで純粋な驚きがある。まさに多元的で彩り豊か、使われている砂箱はほとんど変わらないはずなのに、作品のスケール感やエネルギーがまったく異なり、これが同じ"箱庭"なのかとまずはただ圧倒される。しかし一方で、そこに表現される怒りや悲しみのような感情には、差異を簡単に越えてストレートに伝わってくるものがあって、本を読み終わる頃には不思議と、国や文化の違いなど少しも気にならなくなってしまう。アフリカの非行少年も、中国の孤児も、南米の被虐待児も等しく、その子なりの歩みで砂に触れ、数回のセッションを通して独自の変容を見せていく。自らに課せられた重荷と、それぞれの仕方で対峙していくそのプロセスは、私たちにとって決して遠いものではない。

　ここで、本書全体を概観しておこう。構成は、いわば前半部が理論編、後半部が実践編となっている。第1章から第3章までは、フロイトやユング、ローウェンフェルト、カルフを取り上げ、「箱庭表現法」を支える思想的背景を辿っていく。箱庭療法に関心のある者なら当然よく知った名前が並んでいるが、教科書どおりの解説と思って読み飛ばすとしたら、間違

いなく損をするはずである。日本ではアクセスされてこなかったような貴重な資料を用いて、この有名な先駆者たちが、彼らもまた一つの事例であるかのように、きわめて人間的に描き出されており、その読み応えは実践編に勝るとも劣らない。とりわけ興味深いのは、第1章で、精神分析が「社会－市民的方向に舵を切った歴史的瞬間」(p.5) として取り上げられる、1920年代にフロイトが開設した無料診療所に関する記述である。それは、ユングとの訣別から4年後のフロイトが、精神分析を世に広め、従来の高所得者層のみならず、様々な社会的階層から広く患者を獲得するために立ち上げたものである。よその病院の休診時間に間借りして、狭くて硬い診療台をカウチ代わりに用いたという俄か作りの診療所は、労働者から貴族の子女まで含め、最初の2年半だけで700名の患者が押し寄せるほどの盛況ぶりを見せ、また精神分析を継ぐことになる次世代の錚々たる顔ぶれも数多く治療に携わっていたという。かのメラニー・クラインの当時の治療記録も引用されるが、そこには、ある子どものケースでの失敗をめぐる後悔など、治療者として日々模索し、苦悩する生の言葉が綴られている。第一次大戦後、ナチス台頭が予感されるまでのヨーロッパの独特の雰囲気と、精神分析転換期の治療者たちの実際の息遣いがすぐそこに感じられるような記述であり、ぜひ一読をお勧めしたい。続く第4章、5章、6章では、「箱庭表現法」の手法の体系的な解説、情勢不安の地での臨床の特質およびトラウマ治療の深層心理学的な意義に関する考察がなされる。

　そして第7章からが、いよいよ実践編である。「箱庭表現法」の実際の運用方法を示した最終章の第10章までの3章は、それぞれ南アフリカ、中国、コロンビアで行われたプロジェクトの事例の検討に当てられている。先にも述べたように、どれも個性豊かで次から次へと迫りくるものがあるが、中でも白眉は、第8章後半に登場する、中国・北川（Beichuan）の11歳の少年、リウの事例である。中国の少数民族の一つ「羌（チャン）族」の集落のあった北川の山間部は、2008年5月12日に発生した四川大震災で壊滅的な被害を受ける。村は孤立し、北川学校という寄宿舎付きの中学・高等学校では、1700名の生徒と60名の教師が犠牲になった。残された子どもたちは、瓦礫の下敷きになったクラスメイトを探して、一昼夜の間、素

手で地面を掘り続けたのだという。ほとんどの子どもが両親を失い、その遺体も掘り返されないまま、故郷は封鎖されてしまう。リウもまた、そのような想像を絶する体験をした生存者の一人であった。見守り手との関係の中で、生き残ったことへの罪の意識、恐れや傷つきと対峙し、最後に自らの母親を埋葬するための美しい墓を盤上に実現する8つの箱庭のプロセスは、強く心を揺さぶるものである。

阪神・淡路大震災、東日本大震災とフクシマをめぐる問題、そして先の熊本の震災をはじめとして、日本の読者にとっても、「被災コミュニティ」はすぐ身近に存在する。被災者、および彼らをケアする人の心のケアを目的としたアウトリーチ活動においては、外部から被災地に入る者が、できる限り早く、多くの人に、短期間で一定の効果を上げることが求められる。そうした局面において、他ならぬユング派だからこそできることは何か。本書は、それを考えるための力強い道標であると言える。

注

1　本書で紹介される、"Expressive Sandwork" を、本稿ではさしあたり、箱庭療法とは区別された、特殊な設定を持つ手法という側面を強調して「箱庭表現法」と訳出した。著者のプロジェクトの詳細については、国際箱庭表現法協会（The International Association for Expressive Sandwork）のウェブサイト（www.sandwork.org）を参照のこと。

2　「短い」とは言え、このプロジェクトの正式なファシリテーターとなるためには、次のような幾分高いハードルが越える必要がある。2名の専門家による面接を通過したのち、クライエントの立場で実際に箱庭制作を行うセッションを4回、理論の講義を40時間。その後、実際のプロジェクトに一度は見学者として、一度は見守り手として加わり、専門家のスーパーヴィジョンのもと、それぞれのグループディスカッションに参加、最後に担当児のケースレポートを提出する、というものだ（p.167）。子どものプレイに見守り手として全人的に関わるという点できわめて臨床的なコミットメントを行いながら、あくまで言葉がけや解釈といった介入を "しないよう" 自らに制限をかけるという微妙なバランスを、専門外の有志の人に伝え、共有するためには、この程度の訓練は最低限求められることになるのかもしれない。もちろん、そのような正式な形でなくても、箱庭の移動やセッティング、片付け、プレイに入れない子どものケア、記録の整理などへの、ボランティアでの参加も可能である。

3 ただし、箱庭のきわめて具体的で「字義通りな」特徴は、有利な面だけでなく時に危険性も孕んでいるという。著者は別の論文でこの点について論じている（Pattis Zoja, E. (2002). What can a Jungian analyst learn from sandplay? *Journal of Sandplay Therapy*, 11, 29-41）。

ある女性治療者の仕事
映画評「ニーゼと光のアトリエ」

豊田園子

豊田分析プラクシス

　ブラジルの地にユング心理学を広めた女性精神科医ニーゼ・ダ・シルヴェイラを取り上げた映画が日本で公開されている。これまで日本ではほとんど知られていなかったこのブラジルの女性治療者について、そして女性ならではのその仕事ぶりを知る貴重な機会として、このような映画の公開はまことに喜ばしい。

　ホベルト・ベリネール監督のこのブラジル映画は、2015年の第28回東京国際映画祭でグランプリの栄誉を得、そしてニーゼを演じた女優グロリア・ピレスは最優秀女優賞を獲得した。それだけの評価を受けたことは、この映画が単に臨床に関わる者だけではなく、一般の観客にも十分に感動を与える内容であったことを示している。ほとんどの場面がまだ十分に整備されていない半世紀前の陰鬱な精神病院の内側であることを考えると、実在の人物をめぐる実話をベースとしているとはいえ、そこに見事なドラマを展開させた映画制作者の力量を感じさせる。

　「光のアトリエ」とあるように、ニーゼは精神科治療に芸術を導入した先駆者であり、映画ではその導入のプロセスが丁寧に描かれる。半世紀以上前の当時はまだ向精神薬が開発されておらず、重篤な統合失調症を病む患者たちにはなかなか打つ手がなかった。そうしたところに画期的な最新治療法として、導入されたのが、ロボトミーであり、また電気ショックである。ロボトミーはポルトガルのE・モニスによって開発された脳の前頭葉白質切除手術で、アメリカのW・フリーマンによって普及するが、彼は効率化のためにアイスピックを使ったという。暴力的な患者をおとなし

くするためには効果をあげるものだが、それが人間的な感情を奪ってしまう様は1975年のアメリカ映画『カッコーの巣の上で』を思い出す人もあるだろう。ニーゼが芸術療法をするようになったのは、彼女の勤めた病院で男性治療者が取り組んでいたこのようなロボトミーや電気ショックをニーゼが受け入れられなかったことから始まる。ニーゼにとってそれらの方法はあまりに暴力的で非人間的な方法であった。そうした治療を断固拒否した彼女に与えられた仕事は、これまで看護師に任されていた作業療法の部署であった。

医者としては屈辱的な配置であったが、彼女はそこで自分が考える人間的な治療に取り組もうとする。そこはそれまで患者に修理や清掃などの軽作業をさせる部門で、与えられた部屋は不要物の物置のような状態であった。彼女は自ら率先してそれら不要物を廃棄し、清掃する。映画の中で、何もなくなってがらんとし、床まで洗い流された部屋をひとり立って見渡すニーゼの姿はとても印象深い。まっさらなそこから、彼女の新たな戦いが始まった。しかし初めから何をするのか分かっていたわけではない。彼女は患者たちに指示を与え無理に従わせるのではなく、自由にさせたときの一人ひとりの行動を丁寧に観察し、柔軟にアプローチする。時には一緒に遊びに誘うが、その時ニーゼ自身が遊び心を忘れていない。家では猫に囲まれ、それに癒されているニーゼは、患者一人ひとりに世話をする犬を与えて、今でいうペット療法のようなことも実践した。またあくまでも人間として対等に向き合うために、患者たちをクライエントと呼ぶようになる。不屈の精神とともに、女性らしいこうした伸びやかな発想や行動によって、彼女の周りには次第に治療の場が形成され、関わる看護師にやる気を起こさせ、協力者も現れるようになった。

芸術の導入についても、芸術に関心のある若いスタッフの協力なしではここまで充実したものにならなかったであろう。彼女のクライエントたちの初めはなぐり描きでしかなかったものが、次第に形をとるようになり、また、素晴らしい色彩にあふれるようになっていく変化は、目を見張るものがある。映画自体は患者もまた俳優たちが演じてはいるが、実はモデルとなる実在のクライエントたちがおり、彼らの作品が映画で映されている

ので、それらの作品を目にするだけでも、この映画を見る価値はある。カルリーニョス、オクタヴィオ、ラファエロ、エミジオ、フェルナンド、アデリーナ、ルシオといったクライエント一人ひとりのドラマをその作品とともに映画は追っていく。

　外国映画は日本で公開される際にいわゆる邦題という日本語の題名に変えられることがあり、そのネーミングの妙に感心することがあるが、この映画も例外ではない。原題は「ニーゼ――狂気の心（英語では Nise: The Heart of Madness）」である。それを「ニーゼと光のアトリエ」という邦題にしたのは、この作品には光が随所に効果的に用いられており、またそれが人はどんなに病んでいてもそこに希望があることを感じさせるからだろう。そして光の結晶として、色彩豊かな患者たちの作品は輝いている。

　しかしそれらは彼らの冥く深い無意識から生まれていることをニーゼはユングの著作に触れることで知ることになった。映画では誕生日に夫からフランス語版のユングの本を贈られ、それに読みふけるニーゼの姿が描かれている。そこには彼女の探していた答えがあったに違いない。ユング自身がフロイトとの決別後の精神的危機状態で無意識からのイメージに取り組んだ経験があるからこそ、そのことばのひとことひとことが、ニーゼには染み入ったのではないだろうか。

　実在のニーゼは1905年にブラジル北東部のマセイオで生まれ、修道女経営の女子教育の学校で学んだ後に、16歳で医科大学に入学し、21歳で卒業するが、157人の男子学生に対し唯一の女性だったという。同級生で公衆衛生を専門とするマリオ・ダ・シルヴェイラと結婚し、父の死後22歳でリオ・デ・ジャネイロに移ったが、そこで彼女は芸術と文学に関心を向ける。27歳から本格的に精神科医としての活動を始めた。

　彼女の経歴で特筆すべきは、1936年31歳の時にマルキシズムの本を所持していたということで、共産主義者とみなされ、18か月間収監されたことである（看護師の密告だったと言われる）。この体験は彼女に不屈の精神を植え付けるとともに、精神病院という閉ざされた空間で自由を奪われた者への深い共感を生んだのではないだろうか。粗暴なふるまいゆえに独房

に入れられていた患者ルシオを放っておけなかったのも、それがあったからかもしれない。その後も1944年までの8年もの間、彼女は政治的理由により公的な仕事に就くことがかなわなかったのである。その間、彼女はスピノザを耽読し、後に『スピノザへの手紙』という本を著すことになった。それは彼女に人間についての深い洞察をもたらしたことであろう。

　1944年39歳になったニーゼはやっと精神科医として公職に就くことができるようになった。映画はまさに、この待ちに待った職場復帰の時点から始まる。映画の冒頭で、精神病院の壁のドアを叩き続けるニーゼの姿は印象的である。なかなか開かない扉に、ニーゼは渾身の力を込めてドアを叩き続ける。そしてやっと開いた扉。どれほど仕事への意欲に燃えていただろうか。ところが、久しぶりの病院で見たのは、先に述べたようにロボトミーや電気ショックなどの暴力的な治療法であり、ニーゼには受け入れがたいものであった。

　任された作業療法部門はニーゼにとって革新的な治療を試みる場となった。絵を描くこと、粘土を造形することによって、落ち着きのない患者、無気力な患者、暴力的な患者も見違えるような集中を見せ、そこから生まれる作品は驚くべき進化を示した。彼女はそうした作品を展示するために、また、研究施設として、1952年にリオ・デ・ジャネイロに、「無意識のイメージ美術館」を設立した。また、1956年には退院後の患者のための外来クリニックである「椰子の家」を設立し、退院後も芸術活動がそこで継続できるようにした。

　映画でも紹介されているが、ニーゼはユングに患者の絵の写真を送るとともに手紙を書き、両者の文通は1954年頃から始まっている。1957年にはユングの勧めによって、チューリヒで開催された精神医学国際会議で、彼女のクライエントの作品は「芸術と統合失調症」というタイトルのもとに展示された。彼女は1957年から58年にかけてと、1961年から62年にかけて、チューリヒのユング研究所で学ぶとともに、マリー・フォン・フランツのスーパーヴィジョンを受けている。ブラジルに戻ってからは、自宅でC・G・ユングの心理学の勉強会を開き、まだなじみの少なかったユング心理学をブラジルの地に広めるための大きな足跡を残した。1968年には『ユン

グ、その生涯と仕事』という本を上梓している。

　映画では患者の芸術活動が素晴らしい成果をあげても、男性医師からは、単なる暇つぶしとみなされ、果ては自分の受け持ち患者を横取りしたとの抗議を受ける。どれほど素晴らしい作品を描いたところで、「患者はいつ治癒するのか」と男性医師がニーゼに問う場面も忘れ難い。彼女は「いつ治るかは分かりません。治るかどうかも。でも前よりはいい状態です」と正直に答えつつ、男性治療者に、「あなたは病気を治してなんかいない。サディスティックな実験をしているだけ、暴力でしか優位に立てないから」と反論する。そして「私の治療道具は筆、あなたのはアイスピック」と。そこには明確な結果を求める男性医師たちとニーゼの治療観の違いが浮かび上がる。ここでみる男性治療者の治療観はエヴィデンスを尊重する心理療法における現代の風潮を思い起こさせないだろうか。
　そもそも統合失調者の絵画作品の特異性が注目されるようになったのは、1920年代にW・モルゲンターラーやH・プリンツホルンがそうした絵画作品を紹介したことに始まるが、その頃にはそれを治療に結びつけるという考えはなかった。芸術療法のパイオニアとしてよく知られているのはアメリカのマーガレット・ナウムバーグである。彼女は1950年に『精神分裂病の芸術――心理療法におけるその意味』を著している。彼女については、フロイト派の影響が強調されがちであるが、実は早くからユングに影響を受けており、エドワーズによれば、芸術療法におけるユングの功績はアメリカでは不当に認められてこなかったという（Edwards, 1987）。それに対し、ニーゼの場合は、そうしたアメリカの風潮から自由に、ユングの思想を直接の指針にした点が注目される。
　それにしても一つの病院でこれだけ豊かな作品を描く患者たちが表れたことには驚きを禁じ得ない。そこにはニーゼの治療者としてのちからが並々のものではなかったことを感じさせる。ニーゼはクライエントたちに自由に制作できる場を与え、ただ見守り、必要なときには寄り添いながらも、干渉はしなかった。クライエントとの距離も少しずつ適切なものになっていったのではないだろうか。映画の中ではクライエントに近づき過ぎ

たマルタに厳しい態度を示している。彼女は作品に目を奪われるだけでなく、治療に関しては現実からぶれることはなかった。映画ではさかんに美術評論家が芸術的価値を喧伝しているが、「大切なのは芸術ではない、というより芸術を重視してはならず、単なる芸術とは異なった、それ以上のもの、すなわち患者自身に対する生き生きとした作用を重視しなければならない」(Jung, 1929)というユングの言葉を実践したのではなかったか。そうした女性治療者の姿をこの映画は非常にうまく描き出している。

　映画の最後には、実在の画家たちの映像が紹介され、本物の高齢になったニーゼの姿を過去の映像に見ることができるが、ユーモアのある非常にチャーミングな女性である。「私たちが試みてきたのは、ゴミ扱いされた人々に社会的な生活を取り戻すこと、前よりも豊かな生活を送れるようにすること」とそこで彼女は語っている。それはきれいに症状が消えることではないかもしれないが、より自然なその人らしさを目指すことなのだろう。この映画では、音楽もまた効果的に用いられている。作業療法部門でやっていく決意を夫に語った場面で、ニーゼが耳を傾けるのがベリーニのオペラ「ノルマ」の美しい祈りのアリア「清らかな女神よ」という曲であり、その曲が流れながら場面は荒れた精神病院に切り替わっていく。その祈りこそが、女性ならではのぶれない勁さであるのかもしれない。

　現代の精神科医療は薬物療法が主流であり、ロボトミーももう行われることはないが、薬で病気を抑えることで、芸術療法における表現の質も変わってきている。治療とは何かということを改めて考えるためにも、1999年に94歳で亡くなったこのブラジルの女性治療者の仕事は、多くの示唆を与えてくれるに違いない。

文　献

Edwards, M.「ユング派の分析心理学的芸術療法」(Rubin, J. A. (Ed.) (1987). *Approaches to Art Therapy: Theory and Technique*. New York: Brunner/Maze.（徳田良仁（監訳）(2001)．芸術療法の理論と技法　誠信書房）所収)

Jung, C. G. (1929). The aims of psychotherapy. *The Practice of Psychotherapy, CW* 16.（林道義（訳）(1988)．心理療法の目標　心理療法論　みすず書房）

日本ユング心理学会　機関誌投稿規定

2015年9月30日改訂

日本ユング心理学会は，機関誌として『ユング心理学研究』と『臨床ユング心理学研究』の２種類を発行しています。これらの機関誌に研究論文の投稿を希望される方は，各機関誌の違いを考慮の上，以下の投稿規定にしたがって投稿してください。

Ⅰ　投稿資格
1. 研究論文の投稿資格は，原則として，日本ユング心理学会正会員に限る。

Ⅱ　論文の内容と規定文字数
2. 『ユング心理学研究』は市販される機関誌であり，理論研究，文献研究に基づく研究論文を中心に掲載する。臨床心理学・精神医学の領域に限らず，幅広い領域から，学際的な研究論文も受け入れる。
   『臨床ユング心理学研究』は会員にのみ頒布される機関誌であり，臨床事例研究に基づく研究論文を中心に掲載する。
   投稿の際は，いずれの機関誌に掲載を希望するか，原稿に明記すること。ただし，内容によっては，編集委員会の判断で，希望通りにならない場合もある。
3. 論文の内容は未公刊のものに限り，分量は16,000字（40字×40行×10枚）を限度とする。図表類はその大きさを本文の分量に換算して，文字数に含めること。原稿の冒頭に，原稿の総文字数を記載すること。

Ⅲ　原稿作成に関する一般的注意
4. 原稿のサイズはＡ４判とし，１ページあたり40字×40行（1,600字）とすること。
5. 原稿は横書きで，原則として常用漢字・新かなづかいを用い，数字は算用数字を用いること。
6. Th., Cl., SCなどの略語は原則として使用しないこと。ただし，記述が煩瑣になることを避けるために用いる場合などには，初出の際にその略語の意味を明示した上で使用すること。

Ⅳ　プライバシーへの配慮
7. 臨床事例を用い，クライエントに関する情報を記載する場合には，記載する情報は最小限度とし，プライバシーに十分配慮すること。

Ⅴ　外国語の表記
8. 外国の人名，地名などの固有名詞は，原則として原語を用いること。その他の外国語はなるべく訳語を用いるが，外国語を用いる場合は，初出の際，訳語に続けて（　）をつけて示すものとする。

Ⅵ　図表
9. 図や表は，図１，表１などと通し番号をつけ，それぞれに題と内容を記載すること。

Ⅶ　引用
10. 本文中に文献を引用した場合は，引用した箇所を「　」などでくくって明示すると同時に，著者名，刊行年，引用ページを記載すること。
    a）本文中に著者名を記載する場合。
    　　河合（1995）は，「○○○」（p.○）と述べている。
    b）引用の終わりに著者名を記載する場合。
    　　「○○○○○○」（河合, 1995, pp.○-○）。
    c）翻訳書の場合は，原書の刊行年と翻訳書の刊行年を，"/"で併記する。
    　　本文中に記載：Jung（1935/1987）引用の終わりに記載：（Jung, 1935/1987）
    d）著者が３名以上いる場合は第１著者名のみを記し，第２著者以降は日本語文献では"他"，外国語文献では"et al."と略記する。

Ⅷ 引用文献

11. 引用文献は，本文の終わりに「文献」の見出しで，著者の姓のアルファベット順に一括して記載すること。

    a) 雑誌の場合：著者名，刊行年，論題，誌名，巻数，号数，掲載ページの順に記す。誌名は，日本語・外国語いずれの場合も，略称は用いない。

    日本語例）横山博（1995）．ユング派の心理療法における転移／逆転移　精神療法，21 (3)，234-244．

    外国語例）Giegerich, W. (1999). The "patriarchal neglect of the feminine principle": A psychological fallacy in Jungian theory. *Harvest*, 45, 7-30.

    b) 単行本の場合：著者名，刊行年，書名，出版社の順に記す。外国語文献の場合は出版社の前に出版地も記載する。編集書の中の特定章の場合は，著者名に続けて，刊行年，章題，編者名，書名，掲載ページ，出版社の順に記す。

    日本語例）赤坂憲雄（1985）．異人論序説　砂子屋書房

    外国語例）Hillman, J. (1975). *Re-Visioning Psychology*. New York: Harper & Row.
    Bosnak, R. (1997). *Christopher's Dreams: Dreaming and Living with AIDS*. New York: Bantam Dell Publishing Group. (岸本寛史（訳）(2003)．クリストファーの夢——生と死を見つめたHIV者の夢分析　創元社)

    c) 上記とは別に，ユング全集（ドイツ語版，英語版）からの引用については，引用箇所の末尾に，ページ数ではなくパラグラフ数を明記すること（Jung, *GW* 7, par.28　あるいは，Jung, *GW* 7, §28）。

Ⅸ 英文要約

12. 研究論文は，上記のほかに英文要約（100～175語）と英文キーワード（3つ）を添えて投稿すること。

    a) 英文要約：ABSTRACTとして，英語の論題と氏名・所属に続けて記載すること。

    b) 英文キーワード：Key Words として，英文要約の下に記載すること。

    c) 英文要約の日本語訳（400～450字）と英文キーワードの日本語訳も添えること。

    d) 英文は英語の専門家の校閲を経ていること。

Ⅹ 特別な費用が必要な場合

13. 論文の掲載に際して，印刷上，特別の費用を要する事情が生じた場合は，投稿者が負担するものとする。

Ⅺ 研究論文の著作権

14. 掲載された研究論文の著作権は日本ユング心理学会に帰属する。当該論文を他の出版物に転載する場合は，日本ユング心理学会の許可を得なければならない。

Ⅻ 投稿論文の提出

15. 投稿論文は，正本1部，副本（正本のコピー）2部の計3部にデータを添えて，下記宛に簡易書留もしくはそれに類する送付手段で提出すること。副本では，氏名・所属，謝辞などを削除すること。

日本ユング心理学会 編集委員会
〒541-0047　大阪市中央区淡路町4-3-6　株式会社 創元社内

『ユング心理学研究』バックナンバー
第1巻、第2巻のご購入については、下記までお問い合わせください。
一般社団法人日本ユング派分析家協会（AJAJ）事務局
E-mail:infoajaj@circus.ocn.ne.jp　Fax:075-253-6560

....

第1巻特別号……日本における分析心理学（2009年3月）
第2巻…………ユングと曼荼羅（2010年3月）
第3巻…………魂と暴力（2011年3月）
第4巻…………昔話と日本社会（2012年3月）
第5巻…………心の古層と身体（2013年3月）
第6巻…………河合隼雄の事例を読む（2014年3月）
第7巻第1号……ユング派の精神療法（2014年6月）
第7巻第2号……日本文化とイメージの力（2015年3月）

....

第8巻…………世界における日本のユング心理学（2016年9月）

特　集
●世界の中での日本のユング心理学　　　　　　　　　　　　　　　河合俊雄
●ジェイムズ・ヒルマンに日本が与えた「影響」を考える　　　　　名取琢自
●夢分析と能楽　　　　　　　　　　　　　　　　　　　　　　　　樋口和彦

講演録
●二頭の虎　そして　続くこと、去りゆくこと、残されたもの
　まだ終わっていない、ジェイムズ・ヒルマンとの共同作業──樋口和彦先生に敬意を込めて
　　　　　　　　　　　　　　　　　　　　マルゴット・マクリーン、マーマー・ブレイクスリー
●ユング派分析家訓練の東と西──個人的経験を中心に　　　　　　李　符永

論　文
研究論文
●歴史家・阿部謹也の視角から見た日本人のこころ──御霊信仰を題材にして　　松本憲郎
●クライエントが表現した作品と中国の象形古文字を関連づけることの臨床的意味
　　　　　　　　　　　　　　　　　　　　　　　　　　　　　　　Adelina Wei Kwan Wong

印象記
文献案内

日本ユング心理学会編集委員会
委員長：豊田園子
委　員：猪股剛・岩宮恵子・皆藤章・河合俊雄・川嵜克哲・
　　　　岸本寛史・北口雄一・桑原知子・田中康裕・
　　　　名取琢自・山口素子

ユング心理学研究　第9巻
海の彼方より訪れしものたち
2017年7月20日　第1版第1刷発行

編　者……日本ユング心理学会
発行者……矢部敬一
発行所……株式会社　創元社
http://www.sogensha.co.jp/
本社　〒541-0047　大阪市中央区淡路町4-3-6
Tel.06-6231-9010　Fax.06-6233-3111
東京支店　〒162-0825　東京都新宿区神楽坂4-3　煉瓦塔ビル
Tel.03-3269-1051
印刷所……株式会社　太洋社

©2017, Printed in Japan
ISBN978-4-422-11499-6 C3311

〈検印廃止〉

落丁・乱丁のときはお取り替えいたします。

JCOPY　〈出版者著作権管理機構　委託出版物〉
本書の無断複写は著作権法上での例外を除き禁じられています。
複写される場合は、そのつど事前に、出版者著作権管理機構
（電話03-3513-6969、FAX 03-3513-6979、e-mail: info@jcopy.or.jp）
の許諾を得てください。

赤の書 C.G.JUNG THE RED BOOK LIBER NOVUS

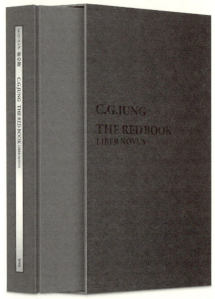

半世紀余の封印を経て、ついに解き放たれた幻の書。美しいカリグラフィーによる文面、強烈なヴィジョンの体験を極彩色の緻密な構成で描きだした134点もの絵の数々——ユング思想の中核をなす概念の萌芽のすべてがここに。

A3判変型・上製・456頁
特製化粧函入・特別仕様豪華本
定価（本体40,000円＋税）

赤の書［テキスト版］

原寸大のファクシミリ版『赤の書』が公刊されて以来寄せられてきた携帯に適した判型をとの要望に応じて、複写頁を除いたすべてのテキストを収録、コンパクトで廉価なA5判として再構成。ファクシミリ版の複写頁との同時参照用として、また、マーキングや書き込みも可能な「使う『赤の書』」として、より深い理解のために最適な一冊。

A5判・並製・688頁　定価（本体4,500円＋税）

C・G・ユング［著］　ソヌ・シャムダサーニ［編］
河合俊雄［監訳］　河合俊雄・田中康裕・高月玲子・猪股剛［訳］